「食」の図書館

リンゴの歴史

APPLE: A GLOBAL HISTORY

ERIKA JANIK
エリカ・ジャニク【著】
甲斐理恵子【訳】

原書房

目次

第3章　飲むリンゴ「シードル」　73

［……］は翻訳者による注記である。

序章◉忘れられないリンゴ

わたしはリンゴで有名なワシントン州で育ったが、忘れられないリンゴに出会ったのは、3000キロ以上も離れた中西部のウィスコンシン州だった。リンゴよりもチーズやソーセージ、ビールで有名な土地だ。マディソン市のデーン郡ファーマーズ・マーケットで、地味な黄褐色にほんのり赤みがのったピンク・パールというリンゴに惹かれ、買って帰った。その夜遅く、レッドデリシャスに慣れ親しんでいたわたしの世界はひっくり返った。

ぱりっとした果皮と、その下に隠れているピンク色と白色のマーブル模様の果肉。ひと口かじると交互に広がる甘みと酸味。わたしの目に涙があふれた。こんなにおいしいリンゴがあるなんて。このリンゴに出会うまで、おいしいけれどすばらしいとまでは言えないリンゴを20年以上も食べ続けてきたなんて。これはいったいどういうわけだろう?

ウィリアム・モリスの壁紙「リンゴ」(1877年)

ピンク・パールは、大昔から続く、果肉が赤いトルコの野生リンゴの子孫だ。このなかなかお目にかかれないリンゴが開発された１９４４年当時に比べ、現在のリンゴ市場は明らかに変化している。

リンゴの栽培品種は世界各地に無数に存在するが、町のスーパーマーケットでいつでも手に入るのはわずか20種類ほどだ。その20種類が、消費されているリンゴの90パーセントを占める。

リンゴは人類が初めて栽培した果物のひとつで、ヨーロッパや北アメリカをはじめとする温帯地方では、食べ物や飲み物としてずっと重宝されてきた。しかし今日、リンゴが地球規模の商品になったのは、長期間保存がきき輸送もしやすいためであって、豊富な種類や味わいが評価されたためではない。

アメリカの思想家ヘンリー・デヴィッド・ソローの言葉を借りると、リンゴの物語は驚くほど「人類の歴史と関係が深い」ようだ。カザフスタンの山岳地帯に誕生したリンゴは、人の手によって地球のすみずみまで旅をした。行く先々で環境に適応して豊富に実をつけ、あらゆる土地に根付いた。とくにアメリカではすっかり身近な存在になったので、多くのアメリカ人がリンゴはアメリカ原産だと誤解している。

リンゴは民間伝承やさまざまな国の歴史にも登場し、愛や美、幸運、健康、安らぎ、喜び、知恵、誘惑、肉欲、豊饒と関連づけられてきた。もちろん、食べても飲んでも美味であることは言うまでもない。

リンゴが世界で認められるようになったのは、各地の文化や気候に適応したためどこでも手に入れやすく、栄養価も高いうえに、長距離輸送も容易なためだ。こうしてリンゴは世界に広まり、人々の食生活を変えてきたのである。

第1章◉中央アジアから世界へ

リンゴの芯に隠された種は、目には見えない果樹園だ。
――ウェールズの格言

◉カザフスタンの野生のリンゴ

1929年9月上旬、ロシアの著名な植物学者にしてプラントハンターでもあるニコライ・ヴァヴィロフが、中央アジアの中心都市、カザフスタン共和国のアルマトイを訪れた。中国とカザフスタン国境の天山《テンシャン》山脈のザイリスキー・アラタウに登ったヴァヴィロフは、見渡す限りに生い茂る野生のリンゴを発見した。

広大な森には、赤褐色、淡い黄色、鮮やかなピンク色のリンゴが実っている。世界のどこを探しても、これほど多種多様なリンゴが森のように密集して育つ場所はない。目の前の光

たわわに実ったリンゴ

景に驚いた彼は、「間違いなく、ここはリンゴの原生地だ」と述べている。

ヴァヴィロフは、わずかな情報から推測を重ね、天山山脈で目にした野生のリンゴが現代のリンゴの祖先であると仮説を立てた。各地の栽培品種を調べ歩いた結果、野生の実にそっくりなリンゴが食料品店に並ぶアルマトイ近辺に行き着いたためだ。残念ながらヴァヴィロフの仮説は、数十年ものあいだほとんど知られないままだった。

リンゴはいったいどこで誕生したのだろう。植物の起源を研究する学者は、長年この問題を議論してきた。

当時のソヴィエトでは遺伝学を否定する学説が支持されていたため〔環境によって遺伝的性質は変化すると唱えた農学者ルイセンコが支持され、努力すれば報われるという社会主義プロパガンダに利用された〕、遺伝学を研究したヴァヴィロフは１９４０年にヨシフ・スターリンによって投獄され、１９４３年にレニングラード（現サンクトペテルブルク）刑務所で獄死する。彼の理論が日の目を見たのは半世紀以上ものちのことで、ソヴィエトの社会主義体制が崩壊してからであった。

ヴァヴィロフの予想どおり、今日すべてのリンゴはカザフスタンの野生リンゴの子孫だと考えられている。じつはカザフスタンには、栽培品種の農作物の祖先と思われる植物がリンゴ以外に１５７種類もあり、温帯で栽培される果物の90パーセントがそこに含まれる。

オーギュスト・ルノワール「りんご売り」(1890年頃)

カザフスタン最大の都市、アルマトイ（旧アルマ・アタ）は、「リンゴの父」（一説によると「リンゴのある土地」）という意味だ。

歩道の割れ目からリンゴの若木が育つ町で暮らす人々にとって、リンゴの原産地のニュースは意外ではなかったかもしれない。リンゴは中央アジアで450万年以上にもわたって進化し続けてきたのである。

リンゴが実る木は、およそ1200万年前に中国で誕生したリンゴ属（学名 *Malus*）に属する。リンゴ属の大半は低木や灌木だ。バラ科（学名 *Rosaceae*）の仲間で、花をつける最古の植物である。

セイヨウナシ、プラム、モモ、イチゴ、ラズベリーなど、わたしたちが日頃よく口にする果物の多くがバラ科で、これらの果物は天山山脈にも自生し、まさに果実の森をつくっている。

◉旅するリンゴ

リンゴは、中央アジアの山岳地帯を越えて、西へ東へ広まった。

シルクロードの旅人は、たわわに実るリンゴの森で、大きく味の良い実を袋に詰めて旅のお供にした。

動物もリンゴが陸路を移動するのを手伝った。リンゴのなめらかで堅い滴形《しずく》の種は、動物に食べられても消化されずに排出されるよう進化した結果だ。馬の腹に入れば、リンゴの種は1日で40マイル［約64キロ］も移動できる。

人間や動物の移動とともに種も運ばれ、落ちたところで若木が育ち、無数のめずらしいリンゴがアジアやヨーロッパで誕生した。

同じ品種のリンゴをつくることは容易ではない。人間同様リンゴでも、ときに両親とはまったく異なる子が誕生する。リンゴの種には、新しい品種をつくるための遺伝物質が備わっている。そのため見た目も味も違う実ができることがあるのだ。

植物の若枝や芽を別の茎や幹に挿す「接《つ》ぎ木《き》」という昔ながらの技法がなかったら、リンゴはひとつひとつ異なる品種になっていただろう。

植物学用語では、この遺伝的多様性を異型接合《ヘテロ》型と呼ぶ。リンゴはこの性質のために、ウィスコンシン、ニュージーランド、カリフォルニア、イングランド、チリ、カザフスタンといった、さまざまな土地に適応できた。

リンゴの木がどこへ旅しようと、その実からは多くの変種が生まれる。1本の木から数千もの変種が生まれれば、最低でも1種類は新たな土地で生き残れるというわけだ。

そうした新種のリンゴの大半は、酸味が強く味は悪い。それでもシードルづくりや豚のエサに使われて役に立つ。

だがこれはリンゴを食べる側の理屈であって、リンゴの木には別の計算がある。リンゴの木にとっては、果肉部分が大きい実を少量つけるよりも、小さな実をたくさんつけるほうが効率的だ。多くの野生のリンゴの実は、繁殖を受けもつ芯が大部分を占め、花床《かしょう》（花托《かたく》）と呼ばれる食べられる果肉部分はわずかしかない。

一方人間は、食用に適した花床が大きなリンゴを好む。この特徴をつぎの世代の実に受け継がせる唯一の方法が、接ぎ木である。

◉接ぎ木

栽培種のリンゴが続いてきたのは、接ぎ木法の発見によるところが大きい。それまでは、おいしい実がなる野生の木々を選別し、口に合わない実がなる木々を切り倒していた。

接ぎ木法を発見したのが誰なのか、正確にはわからないが、中国と古代バビロニアでは3000年以上も前に接ぎ木が行なわれていた。

好みの実がなる植物の枝などを細長く切り（穂木《ほぎ》）、切り込みを入れた別の植物（台木《だいぎ》）

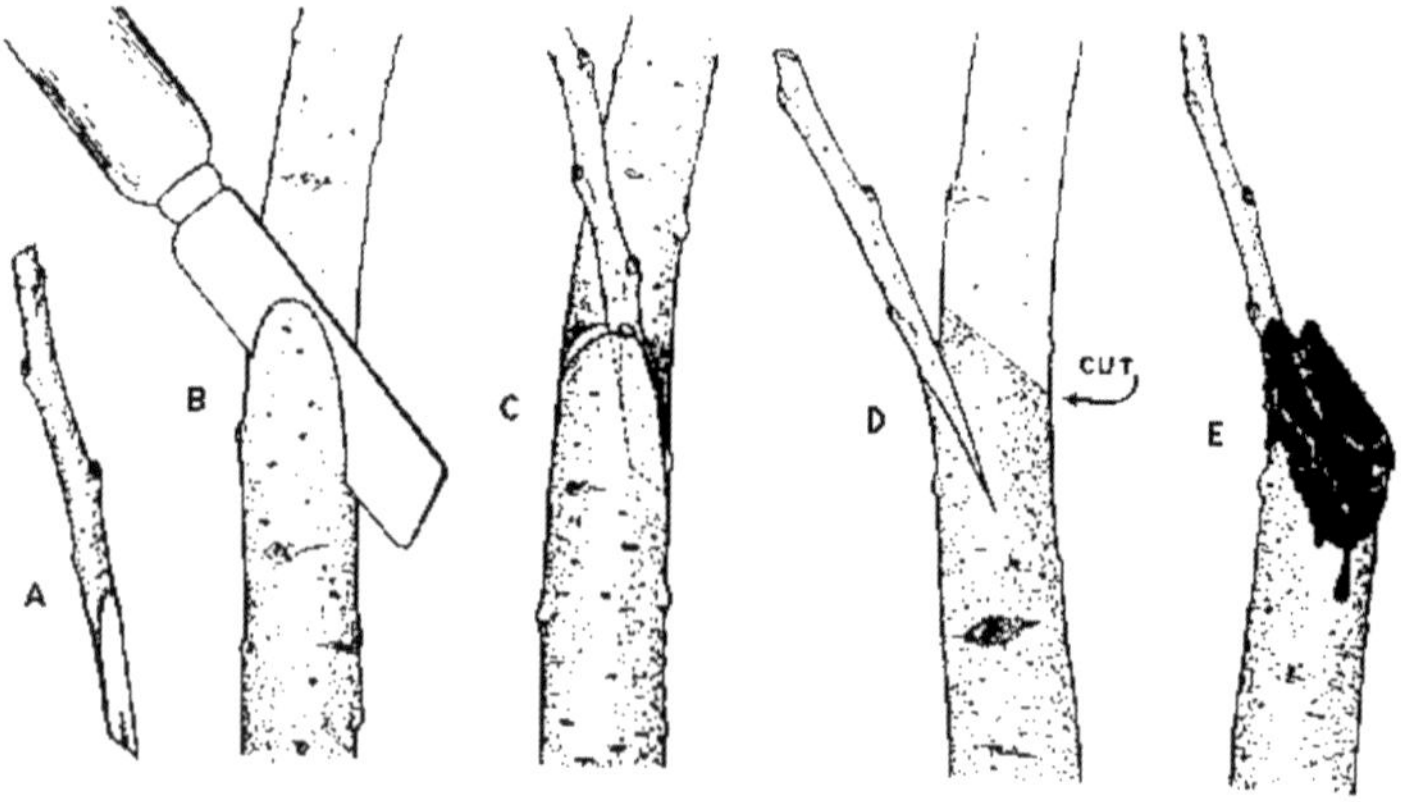

接ぎ木の５段階の手順。リンゴの特定の品種を増やす方法。

に挿して固定する。すると挿したほうの穂木が成長することが発見された。継ぎ目から育った穂木は、元の特徴を失わずにおいしい実をつける。古代ローマの政治家、大カトーは、紀元前2世紀の著書『農業論 *De Agricultura*』ですでに接ぎ木の手順に触れている。

接ぎ木の知識は、リンゴともども交易ルートに乗り、地中海東部からインド亜大陸へきわめて長い距離を移動した。そのため紀元前1世紀には、リンゴの栽培と美味なる果実が市民生活に欠かせないものになっていた。

●古代世界のリンゴ

紀元前9世紀のメソポタミアでは、アッシリアの首都ニネベの王宮に果樹園があり、42種類もの果樹やゴムの木が茂っていたそうだ。

アナトリア［現代のアジアトルコ。アジアトルコとはバルカン半島部を含まないトルコ本土部分］では、紀元前1600〜1200に繁栄したヒッタイト人が果樹に大きな投資をした。彼らの法典には、果樹園やブドウ園を破壊したことに対する刑罰が明記されている。

紀元前9ないし8世紀のホメロスの叙事詩『オデュッセイア』［トロイア戦争後、オデュッセウスが10年かけて故郷に帰る冒険物語］は、初めてリンゴに言及した太古の書物だ。

英雄オデュッセウスがアルキノオス王の宮殿で身を隠す場所を探していると、「四畝《グイア》もあるくらいの広い果樹園がつづき、そこには野梨やざくろ、実の輝くほどな林檎だの、甘いいちじくだの、繁ったオリーブ樹だの、いろんな果樹が丈高く繁りあい、花を開いていた」［『オデュッセイアー』呉茂一訳］という。

一般的に、このくだりがリンゴについての初めての記述と考えられているが、じつはギリシア語では、木に実る丸い果実ほぼすべてを「メロン melon」という一語で表していた。そのため、ギリシア神話に登場する伝説のリンゴは、ことごとく別の果実だった可能性がある。

たとえば、もっとも美しい女神に与えると書かれた不和のリンゴ［愛と美の女神アフロディテ、知恵の女神アテナ、最高神ゼウスの妻ヘラがこのリンゴをめぐって争った。これがトロイア戦争の発端と言われている］も、ヒッポメネスがアタランテの足下に投げた3個のリンゴも［ヒッポメネスは、脚の速いアタランテとの競争に勝って彼女と結婚するために、アフロディテから授け

左手にリンゴを持つアテナ。紀元前480〜440年。

られたリンゴを投げつけて勝利した」、そしてヘスペリデスの金のリンゴも「ヘスペリスというニンフたちが守る、金のリンゴが実る園」、果実の種類は特定されていなかったのかもしれない。後期ギリシア語の書物ではリンゴとマルメロを区別していないが、重要なのは、ヨーロッパ人がそうした神話や伝説に登場する果実をリンゴと解釈した点だ。

ペルシア帝国の時代が来ると、太古の世界では果物を食する楽しみが一気に高まった。紀元前512年頃、ダリウス1世の統治のもと栄華をきわめたペルシア帝国は、トルコのエーゲ海沿岸からイラン、アフガニスタンを経てインドまで領土を拡大した。北はコーカサス山脈から中央アジアへ、南は中東とエジプトにいたる地中海沿岸まで達する。宮殿にも離宮にも果樹園があり、ダイニングテーブルには美味なる果実が並んでいた。

こうしたイスラム教以前の古代ペルシア人は、相反するもののバランスによって調和を目指す二元論的宗教を信仰したが、甘みと酸味を兼ね備えたリンゴは、見事な調和をなしていると考えられた。口が肥えたペルシア人のなかには、リンゴの品種と産地の違いを言い当てられる者もいたらしい。ペルシアの宮殿で供される最高のリンゴはグルジア産だった。地元の果物も、果樹園にどのような木を植えるのか、それを管理していく資産があるのかといった、嗜好や富の指標になった。

なかでもリンゴは玄人が選ぶ贅沢《ぜいたく》品とされ、ペルシア社会のエリートが地位を誇示するた

アンズ、モモ、リンゴの木が育つパキスタンのフンザ渓谷

めのものとなった。それ以降数世紀にわたって、園芸家たちはよりすばらしいリンゴをつくろうと奮闘を続ける。

紀元前334年、アレクサンドロス大王はペルシアを征服し、あらゆるものを奪ったが、ペルシア人のリンゴへの賞賛は受け継いだ。そのためリンゴはギリシア世界全体で珍重されるようになる。

アレクサンドロス大王は、接ぎ木に熟練している園芸家をチグリス川流域からギリシアへ呼び寄せ、リンゴ生産に力を入れた。すぐにリンゴはギリシアの食卓にのぼり、晩餐会の最後に出される菓子や果物の仲間入りをした。とくに人気のある品種は手をかけて栽培された。

西暦1世紀、ギリシアの著述家プルタルコスが残した一文からは、ギリシア人がいかにリンゴを好んでいたかがわかる。

リンゴほどすばらしい特徴を持つ果実は、ほかにない。たとえば、その皮はとても清潔なので、触れても手が汚れるどころか香りが残る。味わい甘く、香りも姿も魅力的だ。

このように、五感をいちどに魅了するリンゴは、賞賛に値する。

◉果樹園の誕生

ローマ帝国が誕生すると、ギリシア人やペルシア人の知識や食習慣とともに、リンゴも西へ移動した。めずらしい果実や最新の園芸技術が、ローマと中国を結ぶシルクロード沿いにローマにつぎつぎともたらされた。サクランボ、モモ、アンズ、オレンジはその例である。こうしてイタリアは国土全体が広大な果樹園となり、果樹自体が神格化され、女神ポーモーナが生まれた。

果樹園、ブドウ畑、オリーブ畑は、裕福なローマ人が慌ただしい都市生活から逃避するにはうってつけの場所だったのだろう。庭園に入れば、ちょっとした楽園気分を味わうことができるが、リンゴの木なくしては完璧な庭とは言えなかった。

ローマ人が栽培した果実のなかで、もっとも品種が多かったのはリンゴである。ローマの政治家、大プリニウスによると、ローマ人は23種類のリンゴを育てていたらしい。

リンゴは贅沢品とみなされたので、ペルシアでもローマでも、自分が育てたリンゴを贈ることは相手への最大の賛辞だった。また、果樹園の持ち主は、接ぎ木や収穫、果実の貯蔵や害虫対策にいたるまで、あらゆる助言や指導を行なった。

果樹園によって戸外で食事をする習慣が定着し、それによってまた果樹園が増えた。ロー

サー・エドワード・コーリー・バーン＝ジョーンズ、ジョン・ヘンリー・ダール「ポーモーナ」(1900年)。ウール・シルク製タペストリー。ローマ神話では、ポーモーナは果樹と果樹園を司る女神である。このタペストリーのポーモーナは、スカートをたくしあげてリンゴをいくつも抱えている。

カッパドキアの洞窟に11世紀頃つくられた「林檎の教会」のフレスコ画。教会の名は、入口近くのフレスコ画に描かれたアルハンゲリスクの聖ミカエルが手に持つ赤い果物に由来すると言われる。

マ人は屋外にダイニングルームをつくり、果樹に囲まれて食事をした。

ローマの詩人ホラティウスによると、典型的なローマの食事は玉子料理に始まり果物で終わる。そこからラテン語の「タマゴからリンゴまで」という表現が生まれた。これは「最初から最後まで」という意味で、現在の英語の「スープからナッツまで」に相当する。

ヨーロッパ大陸からイギリス海峡を渡ってグレートブリテン島へリンゴを広めたのは、ほぼ間違いなくローマ人だ。

ローマ人が侵略するまで、ヨーロッパとグレートブリテン島の人々は、その地に自生する小粒で酸味が強いクラブアップルというリンゴを使って、おもに飲み物をつくっていた。しかしこの野生のリンゴは、移住してきたローマ人の口には合わなかった。故郷ではゆったりとくつろぎながら完熟した甘い果物を食べていたのだから無理もない。

そのためスペイン、フランス、ブリタニア［グレートブリテン島、とくにその南部地方のローマ時代の呼称］に果樹園をつくり、好みのリンゴを植えた。ヨーロッパのクリスマスシーズンによく見かける小ぶりのレディーアップルもそのひとつと考えられている。フランス南東部のサン・ロマン・アン・ガルから出土したモザイク画には、接ぎ木から収穫まで、リンゴの成長過程が描かれている。

リンゴをはじめとする果樹栽培と甘い果実を楽しむ習慣は、ローマ帝国の繁栄とともに広く浸透した。しかし帝国が衰退し始める4世紀末頃には、果樹栽培も運命をともにする。

ブリタニアではレギオン［ローマ軍団］が撤退し、北ゲルマンからジュート族、アングル族、サクソン族が侵攻してきたため、果樹園が無傷で残ることはまれだった。

フランスでは、侵攻してきたフランク族が果樹園に関心を示したが、最高のリンゴを栽培するための細かな技術には興味を示さなかったため、多くの品種や園芸技術がすたれそうになった。キリスト教とイスラム教に果樹栽培の伝統がなかったら、すっかり途絶えていたことだろう。

◉修道院とリンゴ

ローマ帝国滅亡後は、神の教えの実践として自給自足の暮らしをしている修道院が知識や技術の担い手になった。修道会は長いあいだ、食用の植物や果樹を庭で育てることによって自給自足の教えを守ってきた。修道院の壁のなかであらゆる作物を育てれば、修道士たちは俗世界へ出る必要がない。そのため、リンゴも育てられていた。

西暦800年、カール大帝が神聖ローマ帝国の皇帝に即位すると、修道院の果樹栽培はいっそう促進された。

9世紀にカール1世が発令した御料地令（土地利用の規定）では、すべての町の国有地にリンゴ、サクランボ、プラム、モモ、セイヨウナシを植えるべしと定められている。指定されたリンゴの品種には、香りの良いもの、甘いもの、酸味が強いもの、そして収穫時期の早いものと遅いものがあった。カール1世はまた、交易を盛んにするために、リンゴが原料のシードルをはじめとする酒づくりにも力を入れた。

その後も北欧のデーン族やバイキングに侵略されたグレートブリテン島では、リンゴが顧みられることはなく、その状況は1066年のノルマン人による征服まで続く。ノルマン

ヤコブス・ド・セソリス「リベル・デ・スカッキス」。13世紀の書物。リンゴが王位のシンボルとして描かれ、王が「金のリンゴ」すなわち世界を握っている。

征服によってイングランドの法律や社会構造が変化し、ヨーロッパ大陸との関係が深まったが、それ以上に重要なのはノルマン人がシードルに夢中だったことだ。

12世紀のヨーロッパでは、ベネディクト修道会から分離したシトー修道会が勢力を拡大し、大陸全土でリンゴ栽培を再開した。シトー会の修道士たちは肉体労働を重んじるので、修道院の土地を耕し、そこで増やした優れた果物を広めていった。

シトー修道会がスコットランド、ドイツ、スウェーデン、ポルトガル、地中海東部へ進出すると、果樹園もともに移動した。ひとつの果樹園で成功した接ぎ木はヨーロッパ各地のシトー会が共有したため、修道会全体の果樹栽培が進んだ。

●イスラム世界の園芸技術

西ローマ帝国崩壊後、東のビザンツ帝国が繁栄し、その栄華は7～8世紀にイスラム帝国に侵攻されるまで続く。一方、西ヨーロッパでは侵略者との戦いに明け暮れていた。今回の侵略者は新興勢力のイスラム教徒だが、西側の侵略者とは違い、農作物や果樹園を荒らすことは決してなかった。

社会が安定を取り戻すと、イスラム世界ではビザンツ帝国とペルシアの園芸技術が各地の

イスファハンのムハンマド・アリ。セラミック・タイル。1884～85年。このイランのタイルでは、男性と女性に付き添われた若者が果樹園で詩を読んでいる。

生活に取り入れられた。また、学問や園芸、果樹栽培が奨励され、ギリシアとローマの植物学にかんする資料も翻訳された。

新たにつくられた品種が各地の環境に適応していくなか、園芸技術の中心地となったのは、イスラム支配下のスペインだ。トレドとセヴィーリャには、イスラムの君主スルタンにより洗練された庭園がつくられた。

10世紀までにイベリア半島に新たに根付いた農作物は数多く、コメ、モロコシ、サトウキビ、綿花、オレンジ、レモン、ライム、バナナ、ザクロ、スイカ、ホウレンソウ、アーティチョーク、ナスはその例である。イスラム文化は、太古の世界の果樹栽培の知識を維持しただけでなく、さらに発展させた。

◉海を渡るリンゴ

13世紀には、ヨーロッパでリンゴがふたたび盛んに育てられるようになった。もっとも味がよく美しいリンゴとして高い評価を得た品種は、かつてのローマやペルシア同様に、富と教養の象徴とされた。リンゴは庶民の暮らしにも不可欠になり、故郷のお気に入りの品種が食べられなくなることを悲しむ探検家や植民地の住人もいたという。彼らが持ち出した種は、地球上のあらゆる土地へ旅をすることになる。

16〜17世紀にかけて、ヨーロッパから新大陸アメリカへ移住する人々が増え、東海岸沿いにリンゴが持ちこまれた。当初は接ぎ木したヨーロッパのリンゴの木を育てようとした者もいたが、大半は新たな環境に適応しなかった。一方、リンゴの種をそのまま蒔《ま》いた移住者は中西部で果樹園をつくり、19世紀には太平洋岸でも果樹園が見られるようになる。

リンゴは、スペインとポルトガルの探検家や入植者の手によって南米にも根を下ろした。非常にたくましく丈夫なので、いたるところで目にするようになり、1835年にチリに上陸したチャールズ・ダーウィンは海岸沿いに自生するリンゴの木を発見している。チリの港町バルディビアは、生い茂るリンゴの木に覆われて、遠目には港の位置が判然としなかったらしい。

1654年、オランダ人のヤン・ファン・リーベックがリンゴを南アフリカに持ちこんだ。オランダ東インド会社のケープタウン中継地創設者であるリーベックは、移住者にリンゴを栽培させる。移住者自ら食すことはもちろんだが、東へ向かう貿易船に提供することも目的だった。

このリンゴ生産はほそぼそと続いたが、19世紀末に転機が訪れる。ケープタウンのブドウ畑で、根にこぶをつくって枯れさせるフィロキセラ（ブドウネアブラムシ）が大発生し、ブドウが壊滅状態に陥ったのだ。

そこでブドウに代わる果物としてリンゴに目をつけたのが、南アフリカにイギリス植民地をつくったセシル・ローズだ。1890年代、ローズは農場や破産したブドウ園をいくつも買収した。それらを統合してローズ・フルーツ・ファームと名付け、南アフリカではリンゴが利益を生むことを証明した。カリフォルニアの果樹園主とも交流を深めたローズは、今日南アフリカで盛んな果樹産業の足がかりをつくったと言えるだろう。

オーストラリアに初めてリンゴが渡ったのは、1788年、イギリスの海軍司令官アーサー・フィリップがポートジャクソン（現シドニー）にイギリス植民地を建設したときのことだ（当初植えられたリンゴのうち、どれほどが根付いたのかはわからない）。

同じ年、イギリスの海軍士官にしてのちに部下の謀反で船を追われるウィリアム・ブライ艦長が、バウンティ号でタスマニア島に上陸した。このとき船の植物学者が植えたリンゴの苗木3本と、リンゴやヨウナシの種がもとで、現在のタスマニア島は「リンゴの島」という愛称を持つまでになった。

オーストラリアとニュージーランドでも、定住者が増えるにつれて果樹園も順調に増え、ニュージーランドのホークス・ベイ地方のリンゴ栽培地は「アップル・ボウル」と呼ばれるようになった。南半球と北半球は気候が正反対なので、冬のアメリカ、カナダ、ヨーロッパ

ラッセル・リー「フッドリバー渓谷の果樹園」(1941年)。背後にフッド山を望むオレゴン州フッドリバー渓谷の果樹園。

にリンゴを供給できるオーストラリアとニュージーランドのリンゴ産業は、急速に発展する。

数千年にわたり、リンゴは移動を続けてきた。西へ向かうローマ帝国の動きに従って、中央アジアから古代ヨーロッパへ向かい、探検家や移住者とともにアメリカ大陸へ渡った。

ヘンリー・デヴィッド・ソローは、１８６２年のエッセイで野生のリンゴをつぎのように賞賛している。「リンゴは人間の独立心や冒険心に負けまいとする。ただ運ばれるのではなく……あたかも人間のように新世界に定着し、さらにそこかしこで、その土地固有の木々のなかに自ら居場所をみつけている」

現在にいたるまで、リンゴは厖大な遺伝子を世界中で蓄積してきた。温帯地方であればほぼどこでも生き残ってきたのは、そのおかげである。

第2章◉リンゴは想像力の源

ぶどうのお菓子でわたしを養い、りんごで力づけてください。
わたしは恋に病んでいますから。
——旧約聖書「雅歌」2章5節

リンゴの木が世界各地に定着するとすぐに、リンゴの実も芸術や詩、音楽、神話、民間伝承、散文に定着していった。文学や絵画の世界では創造を促す起爆剤となり、ほかの果物では想像できないほどもてはやされた。

いつの間にか、リンゴはほぼすべての果物の象徴になった。サクランボとカボチャのあいだに収まる大きさで、丸い形の果物や野菜が新発見されると、名前が決まるまで「リンゴ（アップル）」と呼ばれることが多かった。ある時代の「リンゴ」という食べ物のリストには、アボカドやカシューアップル［カシューアップルの種子がカシューナッツ」からナスやマツの実にいたるまで、なんでも載っている。19世紀のアメリカでは、野球ボールまでアップルと呼ばれていた。人はいたるところにリンゴを見出してしまうものなのだろう。

●リンゴの民間伝承

リンゴは、多くの物語や民間伝承でも主役を演じた。

一般的に、アダムとエバがエデンの園から追放されるきっかけとなった禁断の果実は、リンゴだと考えられている。

古代ギリシアの愛と美の女神アフロディテは、両手でリンゴを持った姿で描かれることが多い。

北欧神話の春の女神で若返りを司るイドゥンも、永遠の若さが得られるリンゴを管理している。

古代都市トロイア陥落の原因になったのも、もとを正せばリンゴをめぐる3人の女神の争いだった。

古代ケルト族の司祭ドルイドは、リンゴの木から占い棒を選んだ。

イギリスの銅版画家、チャールズ・ホルロイド「エバとヘビ」（1899年）。エデンの園で木にもたれながらリンゴを取るエバ。

イスラム教の開祖にして預言者であるムハンマドは、大天使に与えられたリンゴから永遠の命を吸いこんだ。

そして白雪姫が邪悪な女王からもらったのは、毒リンゴだ。

リンゴは環境に適応する力が非常に強いので、たとえばトルコやノルウェーといった、まったく気候や習慣が異なる土地にも根付いた。各地の文化とリンゴを関連づけた絵画や象徴、物語が数多く生まれたのはそのためだ。しかし、数世紀のあいだに多種多様な文化に浸透したにもかかわらず、どこへ行っても楽園、愛、魔法、多産、そして不死という、ほぼ同じテーマやイメージを呼び覚ましているのは驚きである。

●「禁断の果実」

リンゴと結びついたイメージのなかで、まっさきに思い浮かぶのは楽園の概念だろう。

現代のキリスト教徒は、エバがヘビの命令に従ってリンゴをむしり、アダムに与えたために、ふたりはエデンの園から永遠に追放されたと考えている。だが、そのもととなった古代ヘブライ語の原文では、単に「果物」と書かれているだけで、リンゴやほかの果物とは特定されていない。とはいえ、この失楽園を題材にした絵画は、重々しい宗教画から風刺画にい

「エデンの園のリンゴの木」1577年。木版画。

アダムとエバを描いた祈禱書の1ページ（1300～25年頃）

たるまで、どれもくだんの果物をリンゴとして描いている。

中世の西欧では宗教画にリンゴが描かれるようになり、なかでも旧約聖書のエデンの園の場面が多かった。

初期キリスト教学者たちは禁断の果実をリンゴとみなした。おそらくリンゴを意味するラテン語のマルムが「邪悪さ」も意味したためだろう。そうした事情も手伝ってか、リンゴは中東よりもキリスト教徒の大半が暮らすヨーロッパで広く浸透していた。

チグリス川とユーフラテス川にはさまれたエデンの園で、甘いリンゴが実っていたとは考えにくい。リンゴの種の発芽に適しているのは冷涼な気候だが、現在のイラクに当たるメソポタミア地方はそのような環境ではないからだ。

東方教会は気候についてもっと厳密に考え、禁断の果実をイチジクとみなした。誘惑の象徴によりふさわしいのは、リンゴか、それともイチジクか。この論争は、数世紀ものあいだキリスト教の図像学で延々と続いた。

リンゴには、誘惑の果実の象徴となりうる具体的な特徴がたくさんある。赤い色（血の象徴）や金色（貪欲の象徴）、丸い形（多産の象徴）、そして甘い味わい（肉欲の象徴）だ。しかし、気候条件に加え、禁断の果実を食べたあとのふたりの行動を考えると、イチジクが優位である。リンゴを食べて裸の姿を恥じたふたりが体を隠すために使った木の葉は、イチジ

アルブレヒト・デューラー「アダムとエバ」(1504年)。エバがヘビに差しだされた果実を受けとり、アダムがそれに手を伸ばしている。

クの葉だと言われているのだ。昨今はザクロであると主張する学者もいて、複雑な問題である。

イスラム教では、禁断の果実をいまもイチジクかオリーブであるとみなしている。果物の正体がなんであれ、エデンの園の出来事のあと、リンゴは欲望や多産、危険、不老不死に対する見返りと関連づけられるようになった。

●ギリシア神話の「金のリンゴ」

リンゴの隠微な側面に最初に目をつけたのはキリスト教徒ではない。

有名なギリシア神話のひとつに、金のリンゴにまつわる物語がある。争いの女神エリスが、ペレウスとテティスの婚礼の席に「もっとも美しい女神へ」と書かれた金のリンゴを投げこんだ。最高神ゼウスの妻ヘラ、愛と美の女神アフロディテ、知恵と戦術の女神アテナは、自分こそがもっとも美しいと言って譲らず、争いになった。結局3人はトロイアの王子パリスに審判を仰ぐことにしたが、ヘラは王の座を、アテナは戦いの勝利を、アフロディテは世界一の美女を与えようと約束し、それぞれパリスを抱きこもうとする。パリスが選んだのはアフロディテだった。アフロディテが約束した世界一の美女とは、スパルタのメネラオスの

ジョン・サイモン（1690〜1751年）「パリスの審判」。メゾチント版画。リンゴをヴィーナス（ローマ神話のアフロディテ）に手渡すパリス。これがトロイア戦争のきっかけになった。

リンゴを手にするアフロディテの大理石像。ローマ。2世紀。

妻、ヘレネだったため、これが発端となりトロイア戦争が起こる。

この物語の教訓は、リンゴは魅力的だがトラブルのもと、ということだ。キリスト教学者はこうしたギリシア神話を熟知していたので、リンゴにまつわる多くのイメージやテーマを新たな宗教に採用したのだろう。

アフロディテとリンゴがかかわった出来事はトロイア戦争だけではない。アフロディテはギリシアの愛の女神で、ローマ神話のヴィーナスに当たる。リンゴを愛したので、リンゴとともに描かれることが多い。その結果、リンゴは愛、求婚、婚姻にまつわる多くのギリシア神話に登場した。

なかでも有名なのはアタランテの物語だろう。アタランテは結婚を避けるために求婚者と競走し、ことごとく勝利をおさめた。だがついにヒポメネスに敗れた。ヒポメネスが勝ったのは脚が速かったからではなく、アフロディテにもらった3つの金のリンゴをアタランテの足下に投げつけて妨害したためだ。ヒポメネスは競走に勝った報酬としてアタランテを妻にした。

古代ギリシアでは、独身の男女が恋した相手にリンゴを投げつけるのは広く行なわれていたことだったらしい。さらに、恋が成就するか否かを占うために、天井にリンゴの種を吐きつけたそうだ。

ルーク・クレネル「ヒポメネスとアタランテ」(1811年)。ヒポメネスが遠く離れたアタランテにリンゴを投げている。

アルメニアの民間伝承では、リンゴは求婚の場面でも一役買い、たいていは愛の成就を暗示した。また、「いつまでも幸せに暮らしました」という意味の「天からリンゴが3つ落ちてきました」という一節で終わる物語も数多い。この一節はほかの国でも見られるが、アルメニアに伝わる特有の表現のようだ。リンゴが天から落ちてくるのではなく、神が落とす点が唯一異なる別バージョンもある。物語のなかのリンゴは、愛や不老不死の象徴であり、友情のしるしの贈り物にもなった。

◉多産の象徴

愛や欲望だけではなく、リンゴは多産の象徴でもある。ヨーロッパ、アジア、北アメリカの民間伝承では、リンゴは愛と出産を予言した。リンゴが愛と欲望に結びつけられてきたことを考えると、当然と言えるだろう。

アリストファネスやテオクリトスといったギリシアの劇作家は、リンゴが女性の胸に似ていることを題材におもしろい冗句を書いた。女性の胸とリンゴは、西欧芸術でも繰り返し描かれるモチーフである。

リンゴにまつわる多産の物語や習慣は、世界各地に広まった。

13世紀、アイスランドのヴォルスング一家の伝説、ヴォルスンガ・サーガ（ドイツの作曲家リヒャルト・ワーグナーの『ニーベルングの指輪』の基になった）では、跡継ぎを授けてくれるよう祈る王の足元に、女神がリンゴを落とす。するとすぐに息子が誕生した。王子は一族の存続の象徴として、リンゴの木を大広間に据えた。

キルギスタンの伝統では、子供を授からない女性が子宝に恵まれるよう願いをこめて、リンゴの根元の草の上で転がる。旧ユーゴスラビアのモンテネグロの花嫁は、たくさんの子供が生まれるように新郎の家の屋根にリンゴを放り投げる。

インドや中国では、何世紀ものあいだ、リンゴの木の下にたたずむ女性やリンゴを手に持つ女性のモチーフが多産や繁栄、豊かさのしるしとして芸術家に好まれてきた。中国では、リンゴは平和の象徴でもあり、赤い実はとくに幸運とみなされた。

ベルギーのワロン族の女性は、夫と出会う運命をリンゴの種で占う。種を熱いフライパンの縁に載せ、こうたずねる。「わたしは彼を好きになりますか？」種がはじけたら、答えはイエスだ。その後の質問は「彼はわたしと結婚しますか？」「わたしたちに子供は生まれますか？」「ひとりめの子供は男の子ですか？」と続き、種がはじけると答えはイエスとみなされる。はじけた種の総数が、最後の質問「子供は何人生まれますか？」の答えだ。

◉リンゴの種

長いあいだリンゴの種は、リンゴにまつわる迷信の原因になってきた。リンゴを縦に半分に切ると、断面が女性の生殖器に似ている。水平に切ると、小さな5つの空洞が現れる。その空洞のなかに種がひとつずつあり、均整のとれた五芒星《ごぼうせい》に近い形で並んでいる。五芒星は世界で広く使われる宗教的シンボルだ。神秘学の重要な鍵でもあり、善や悪の秘奥《ひおう》を明らかにするとされる。魔術師は五芒星を用いて呪いや魔法をかけた。白雪姫のリンゴにかけられた呪いもその一例だ。

アーサー王伝説［イギリスの伝説の王アーサーにまつわる騎士道物語］に登場する魔術師マーリンがリンゴの木の下に座って予言をしたように、フランスのブルターニュ地方でも、予言をする前にリンゴを食べていた。

植物の種と多産のつながりはとても強いので、フランス語をはじめとするロマンス諸語では、19世紀まで「種」を意味する単語が「精液」も意味した。そのため、多くの人が種と一体感を持ち、自分や家族のまわりを種で囲めば、多産の神や女神に捧げものをしたことになり、一族が――うまくいけば――未来永劫存続すると信じていた。

リンゴ以外にも、ほぼすべての果物や花や穀物が多産のお守りとして使われたことがある

「リンゴの木の下の若者——良い種は良い果実をもたらす」(1486年)。木版画。

が、リンゴほど長続きはせず、地理的な広がりも見せなかった。

◉不老不死

リンゴは金色や黄色と結びつけられることが多い。そのためリンゴは、永遠の命を授けると言われる金色や黄色の魔力も獲得した。永遠の命とリンゴを結びつけたのは、中東から北欧の神話に浸透していた、食べると不死になる魔法の果物だ。北方の文明ほど、不死の果物をリンゴとみなす傾向がある。物語の共通点は、永遠の命の稀少性と、それを手に入れることの難しさである。

ギリシア人は、ヘスペリデスの園に不老不死の金のリンゴが実ると考えた。ヘスペリデスの園は、世界の西の果てで天を支えて立つ巨人族、アトラスのそばに位置し、アトラスの娘ヘスペリスたちとドラゴンが、リンゴを盗もうとする巨人族から守っていた。リンゴを所有するだけで約束される不死は、本来は神々だけの特権だったが、のちに英雄ヘラクレスは、不死の力を求めて12の難行に挑み、金のリンゴを盗みとる。

ギリシアから1500キロ以上離れた北欧にも、よく似た神話がある。アスガルドに暮らす神々と巨人族の争いだ。

ヘラクレスの金メッキブロンズ像。紀元前２世紀。ローマ時代に牛市場が開かれたフォラム・ボアリウムに立つヘラクレス・ウィクトール神殿の礼拝像と思われる。右手に棍棒を握り、左手にヘスペリデスのリンゴを３つ持っている。

春と再生の女神イドゥンは、金のリンゴの管理人だった。神々が永遠の若さと命を保っていられるのは、そのリンゴのおかげだ。巨人族や人間たちは自らも不死の力を得るために、イドゥンを捕らえて金のリンゴを盗もうと画策する。あるとき利口な嵐の巨人シアスィがイドゥンを誘拐してリンゴを盗む。イドゥンがアスガルドを去ったとたん、神々は急激に老い始めた。神々は、いたずらの神ロキがイドゥンとともにいたことを知り、イドゥンを連れ戻さなければ神々のなかで最初に死ぬことになると脅す。ロキはタカに姿を変えてシアスィの家へ飛ぶと、イドゥンを木の実に変え、かぎ爪でそっとつかんでアスガルドへ連れ帰った。するとと神々は若さを取り戻したという。

もちろん、リンゴを食べても不死の身にはなれないが、長寿の源にはなると考えられてきた。マケドニアのアレクサンドロス大王は、命の水を求めて中央アジアに遠征した際に長寿のリンゴを発見したと言われている。それを食べた司祭たちは４００歳まで生きたらしい。当のアレクサンドロス大王は充分に食べなかったのか、33歳で亡くなった。

◉ケルト神話

リンゴにまつわるケルトの神話や伝説には、神秘主義の要素も根底に流れている。リンゴの木の下で眠ってしまった英雄が異界の女性に連れ去られる伝説や、リンゴによって永遠の若さや命を手に入れる物語が多いのだ。

とある神話では、白い女神がブランという神に、永遠の若さの国から「銀白の花咲くリンゴの木の枝」を持ち帰るよう命じる。永遠の若さの国はケルト神話ではおなじみの異界で、そこにはリンゴが花と実を同時につけると言われるアマン・アブラハという島がある。若さの国の神や女神が持つリンゴの枝には金色の実がなり、葉が軽やかな音を奏でるので、人間はそれを聞いているうちに眠りに落ちるという。

また、アイルランドの英雄オシアンも永遠の若さの国をめざし、そこで金のリンゴを持って馬に乗る美しい女性をみつけて白馬で追った。もうひとりのアイルランドの英雄コンリーは、美しい妖精にリンゴを与えられ、1か月間それだけを食べて過ごす。やがて妖精とともに水晶の小舟で去っていき、二度とふたたびその姿を見られることはなかった。

しかし、イングランドの著述家サー・トマス・マロリーが15世紀に著したキャメロットとアーサー王の物語には、ケルト神話も太刀打ちできない。中世の歴史書や民間伝承、文学作品によると、この伝説の王は、ブリトン人を率いてサクソン人の侵入に立ち向かったそうだ。

世界で注目されるようになったのは、ジェフリー・オブ・モンマスの創作による12世紀の『ブリタニア列王史』が人気を博したためだ。マロリー版では、フランスやケルトの伝承に、キリスト教徒の十字軍［中世にイスラム教徒から聖地エルサレムを奪還するためにキリスト教国が派遣した遠征軍］と、キリストが最後の晩餐で用いたとされる聖杯探しの物語を重ねている。

聖杯探しには、アーサー王が信頼を寄せる友人や家来が加わるが、みな脱落した結果、王はカムランの戦いで裏切り者の甥モードレッドとたったひとりで戦うことになった。王はモードレッドを倒すが、自身も致命傷を負い、不死をもたらす金のリンゴが育つという魔法の島アヴァロンへ運ばれる。

アヴァロン（Avalon）の名は、リンゴを意味するケルト語の接頭辞avあるいはafに由来する。実際、ロマンス諸語以外のヨーロッパの言語はすべて、ap、ab、af、avを語根に持つ単語をリンゴやリンゴの木の意味で用いる。

たとえばドイツ語のアプフェル（apfel）、アイルランド語のアワル（abhal）、アイスランド語のイエプリ（epli）、ウェールズ語のアヴァル（afal）等だ。イギリスでは、地名にもリンゴを意味する接頭辞が用いられている。アヴェニング（Avening）、アヴェントン（Avington）、エイヴォン（Avon）、アヴィモー（Aviemore）がその例だ。

ダービーシャー州のアッパーノレ（Apperknowle）、カンブリア州のアップルビー城（Appleby Castle）、デヴォン州のアップルドア（Appledore）、サセックス州のアップルドラン（Appledram）とアップルシャム（Applesham）、ヨークシャー州のアップルツリーウィック

(Appletreewick) は、リンゴとの関係がいっそう明らかだ。イギリスでは少なくとも47か所の地名がリンゴ (apple) と関連することからも、ケルト人やのちのアングロサクソン人にとってリンゴがいかに重要だったかがわかる。

ジェフリー・オブ・モンマスが初めてアヴァロンに言及したのは『マーリンの生涯』〔瀬谷幸男訳、南雲堂フェニックス、2009年〕だった。それによると、アヴァロンの穀物は手入れをしなくても育ち、「リンゴの若木は森の下草から現れ」、人は100歳以上になるまで生きるそうだ。学者たちは数世紀にわたってアヴァロンの場所を突きとめようとしてきた。ローマ人の侵攻前から存在する神秘的かつ霊的な雰囲気が漂う巨岩史跡、ストーンヘンジにほど近いグラストンベリーがアヴァロンだという説もある。

●ヴィルヘルム・テル

スイスでは、ヴィルヘルム・テルの伝説でリンゴが大胆な役割を果たした。テルは、13世紀から14世紀初頭、スイスのウーリ州ビュルグレン村に暮らした農民で、オーストリア〔神聖ローマ帝国〕の支配に公然と抗い、ハプスブルク家に忠誠を誓うことを拒んだ。執行官ヘルマン・ゲスラーに捕らえられたテルは、息子の頭に載せたリンゴをクロスボウで

ハインリヒ・ペトリ「ヴィルヘルム・テル」（1552年）。木版画。スイスの英雄、ヴィルヘルム・テルが息子の頭に載せたリンゴに狙いを定めている。

射貫けと命じられる。クロスボウに矢をつがえ、狙いを定めると、テルは息子の頭から見事にリンゴを射落とした。ゲスラーの暴挙にも屈せず勇敢な態度を貫いたテルに人々は勇気づけられ、オーストリアへの服従を拒み、永遠に自由に生きることを誓った。

この夢のような物語の主人公ヴィルヘルム・テルが実在した証拠はない。射撃の名手が愛する者の頭から的を射落とすという主題が初めて登場したのは、15世紀のスイスの物語より数世紀も前に書かれた古代スカンジナビアの伝説だ。

ヴィルヘルム・テルの物語が世界で有名になったのは、ドイツの劇作家フリードリヒ・フォン・シラーの1804年の演劇『ヴィルヘルム・テル』によるところが大きい。その一部は、いにしえのスイスの歴史物語に基づいている。架空の物語であろうとなかろうと、道徳的で民族独立を強く訴えるテルが巧みにリンゴを射貫くという筋書きがスイス人を鼓舞し、この先数世紀にわたる支配に抵抗しようと決意させたことは明らかである。

◉エデンの園と植物園

中世の時代になると、リンゴにまつわる伝説や象徴だけでは飽きたらず、多くの人がエデンの園とリンゴの木を探し始めた。エデンの園は旧約聖書のノアの大洪水でも破壊されずに地上に残り、いまも人里離れた丘の上に存在すると考えたためだ。

しかし、実際に調査隊が世界中を巡り始めるとその考えは揺らぎ、堕罪《だざい》、すなわちアダムとエバが楽園を追われたのち、エデンに存在したものはすべて地上のあちこちへ散らばったとの見方に変わる。そのため、新たな動物や植物が発見されるたびに、エデンの園のパズルのピースとみなされ、いつかふたたびすべてのピースが集まるだろうと期待された。

16世紀のヨーロッパでは植物園の人気が高まり、それもエデンの園のピースをまとめあげて失われた知識を回復する手段となった。堕罪によりアダムが失った、自然を支配する力を取り戻すためには、こうした植物園が助けになると考える者も多かった。そのため、エデンの園のようなどんな気候にも耐えうる植物園を目指して、さまざまな植物を集め、目録をつくり、互いに交換することに莫大なエネルギーが費やされた。

中東や中央アジアでは、ヨーロッパよりもかなり早く植物園が誕生している。イスラム教と園芸には非常に強いつながりがあるためだ。イスラム教では、地上の庭園はコーランで約束された楽園に匹敵するものだった。そのため庭が大切にされ、イスラムの町や家々の中心には庭がつくられた。メディーナにある預言者ムハンマドの家の庭は、イスラム教で最初の礼拝地になった。西暦600年以降、地中海やアジアに建国されたイスラム教国家の王たちも、数々の庭園を残している。

◉プロテスタントとリンゴ

16世紀に誕生したキリスト教プロテスタント（新教徒）も、リンゴの地位を固めた。国家と宗教が強く結びついたため、プロテスタントが優勢になった国々では、神の果物であるリンゴを国の果物ともみなすようになったのだ。プロテスタント信者は、キリスト再臨を期待して、アダムとエバの楽園追放後の人間の堕落を回復しようと努め、植物園同様に果樹園をつくり管理することにも力を入れた。

プロテスタンティズムが広まるにつれて、果樹栽培も広がりを見せる。なかでもリンゴは、プロテスタント信者の心を強くつかんだ。リンゴは貪欲でもなければ気難しくもなく、園芸家の不断の努力に対して、美味で用途が広く日持ちもする果実で応えてくれる。どれもプロテスタント信者が賛美し、自らのなかに育てようとする性質だ。

イギリスでは、信者が書いた果樹園と神の関係にかんする本も残っている。カルビン主義者ラルフ・オースティンの『果樹園の神聖なる利用法 *The Spiritual Use of an Orchard*』もそのひとつだ。

また、エデンの園のほんとうの悲劇は、神がアダムのあばら骨からエバをつくったことだという説もあり、それを支持するプロテスタント信者は、リンゴの木は無性生殖によって実をつけるという誤解に基づいてリンゴを神聖なものと考えた。エバ誕生以前のアダムと楽園のような、なにひとつ欠けていない理想の存在、それがリンゴなのだ（実際は、リンゴもほかの果樹と同じように、鳥や昆虫が運ぶ別の木の花粉を受粉しなければ実はならない）。カトリックによる迫害でオランダ、イギリス、北アメリカへ流れたプロテスタント信者は、各地でリンゴとその物語を伝えた。

ウォールター・F・オズボーン「カンペルルレのリンゴ集め」（1883年）

◉ジョニー・アップルシード

リンゴはアメリカ大陸初の果物である。イギリスからこの新大陸に渡った多くの入植者が罪の許しを期待し、人間にとって第2のチャンスと考えた。果樹園でリンゴを栽培することは、この新たなる聖地のビジョンの土台であり、住居をつくることと同じくらい重要だった。リンゴの果樹園を持つことは成功を意味し、荒野を支配したあかしにもなった。

リンゴの種をまくことには実用的な目的もある。リンゴは実がなるまでに10年近くかかるため、移住者もリンゴの木とともに新たな土地に落ち着くことができた。アメリカ中西部では、果樹を植える以外選択肢がなかった。「最低でも50本のリンゴもしくはセイヨウナシの木」を植えることを条件に、土地が与えられたためである。

新世界のどこかに、ほんものの楽園の種が存在すると考える者もいた。どこかに隠れている種を解き放ち、肥沃な贖《あがな》いの地にまきさえすればふたたび芽吹くというのである。その楽園の種を誰よりも多くまいたのが、伝説のジョニー・アップルシードだった。

1774年、マサチューセッツ州で生まれたジョニー・アップルシードことジョン・チャップマンは、開拓期のペンシルヴェニア、オハイオ、イリノイ、インディアナの各州をめぐりながらリンゴの種をまき、庶民の英雄になった。自然界の動植物や物質ひとつひとつが霊的真理に対応していると説くスウェーデンの神秘主義者、エマヌエル・スヴェーデンボリを信奉していたので、リンゴの種をまきながらスヴェーデンボリの思想も広めることができる放浪の旅は、彼にぴったりだったのだろう。

19世紀の理想家や、個人の内なる神を崇める超絶主義者の例に漏れず、チャップマンも自然のなかに神を見出し、自然界を理解すれば霊的な知識が得られると考えていた。そのため彼にとって人間は、アメリカの今後の発展にとって欠かせない存在だった。人間には、自然を発展させてエデンの園に見られた多様性を取り戻す使命があるからだ。アメリカ全土でリンゴの木が育てば、二度と人々が飢えることはないという期待もあった。

チャップマンは、接ぎ木はしないでリンゴの種だけをまき、それぞれのリンゴが持つ無限の多様性を解き放とうとした。その結果、世界のほかの場所では見られない数百種類もの新しいリンゴが、アメリカの開拓地で育つことになる。

チャップマンのお気に入りの品種は、ランボー・アップルだ。原産地はスウェーデンで、おもしろいことに、シルヴェスター・スタローン主演の映画「ランボー」の原作小説の著者、デイヴィッド・マレルは、このランボー・アップルに感化されて主人公の名前にしたらしい。チャップマンが広めたリンゴは、アメリカ人やヨーロッパ人が知っているどんな果物よりも種類が豊富だった。ヨーロッパの過密状態の農園から見れば、夢のような話だったことだろ

イギリスの植物学者、ジョン・トラデスカントの果樹。写本。17世紀。

う。

チャップマンはインディアナ州へ向かって西へ旅をしながら、定住が可能だと判断した土地に種をまき、果樹園の足がかりを残していった。移住者がやってくる頃には、苗木が売れるほどに成長していた。

チャップマンは英雄らしからぬ人物だ。髪や髭はぼうぼうで、決まった家もなく、ずだ袋同然の服をまとって靴もはかず、頭に鉢を載せていることもあったらしい。そんなチャップマンが19世紀末、子供向けの伝説物語の主人公になった。開拓者家族の10歳の娘をいずれ妻にするために引き取って育てたとか、自分の足に針を刺し熱い石炭を押しつけたとか、突拍

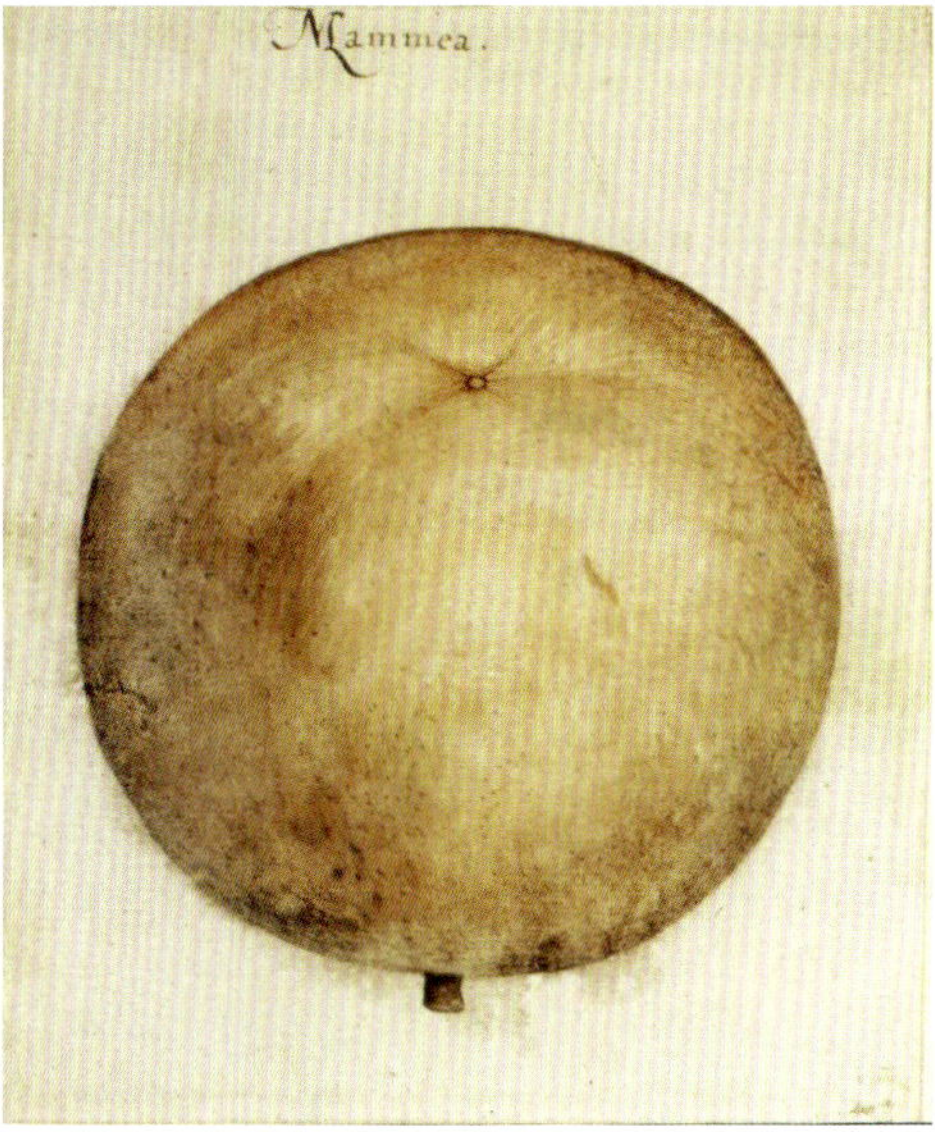

ジョン・ホワイト「マメイ・アップル」(1580年代頃)

子もない物語も、彼が風変わりであればあるほどもっともらしく思えた。

やがてジョニー・アップルシードという愛称で有名になると、彼を描いた著作や演劇が1885〜1950年のあいだに300以上も発表された。こうしてリンゴはアメリカ随一の果実に、アップルシードはアメリカの英雄になったのである。

◉アイザック・ニュートン

有名なリンゴの伝説はもうひとつあるが、こちらは厳密に言うと伝説ではない。というのも、多少の誇張はあったかもしれないが、物理学者アイザック・ニュートン自身が顚末《てんまつ》を語っているからだ。

１６６５年のある日、ニュートンは、イングランドのウールズソープの自宅の庭でリンゴが木から落ちるのを目撃した。ニュートンいわく、リンゴの落下がきっかけになり、万有引力の法則につながる理論を思いついたそうだ。ニュートンの支援者たちはこの出来事をことさら特別視したので、物語はいつしか伝説になった。くだんのリンゴの木まで有名になり、念入りに手入れをされ、倒れたあとも大切に保存された。

アメリカのタフツ大学、マサチューセッツ工科大学、ネブラスカ大学リンカーン校には、この有名な木の子孫にあたる苗木が植えられた。タフツ大学の物理学の教授は、ニュートンの物語に刺激を受け、物理学の新たなアプローチがひらめくようにと博士号を取得した学生の頭上にリンゴを落としたそうだ。

◉「ビッグ・アップル」

リンゴは今日、大衆文化でもなじみ深い。

現代のリンゴでもっとも有名なのは「ビッグ・アップル」ことニューヨーク市だろう。ビッグ・アップルは、１９２０年代、ニューヨークのモーニング・テレグラフに競馬記事を書いていたライター、ジョン・Ｊ・フィッツジェラルドが編みだしたキャッチフレーズだ。大

カール・アンダーソン「リンゴ摘み」(1912年)

金が手に入る「一流の場所」という意味で、当時の競馬界の流行語だった。1924年のコラムには、「ビッグ・アップル。サラブレッドを世話するすべての厩務員《きゅうむいん》の夢、すべての騎手のゴール。ビッグ・アップルはただひとつ。それはニューヨークだ」との一文がある。

フィッツジェラルドは、ニューオーリンズの競馬場で働くアフリカ系アメリカ人からその言葉を聞いたのだろう。街の新たなニックネームを探していたニューヨーク・コンベンション・アンド・ビジターズ・ビューローの社長、チャールズ・ジレットが1970年代に「ビッグ・アップル」という呼び名をふたたび用いて、いまではすっかり定着した。

ビッグ・アップルの名にふさわしいのは、ニューヨークだけではない。1920年代以前、アメリカやカナダには「ビッグ（レッド）アップルの土地」として名を馳せる場所がいくつもあり、オレゴン州にも早くからそのニックネームが与えられていた。それと同時にミズーリ州、コロラド州、ワシントン州、ブリティッシュコロンビア州もその名を争った。

◉スティーブ・ジョブズ

今日、コンピュータ会社のリンゴも有名だ。1976年、アップルという名を自身の会社名にしようと思い立ったのがスティーブ・ジョブズだ。

当時ジョブズは小さな会社を転々として暮らしていたが、その間にさまざまな着想を得たのだろう。自ら会社を起こしたとき、ほかにこれといった名前も思いつかなかったので、ジョブズと共同設立者らは社名を「アップル」に決める。会社の初期のロゴは、かの有名なリンゴの木の下に座るアイザック・ニュートンの精密なイラストだった。

しかしジョブズは、イラストが細かすぎてコンピュータ画面ではわかりにくいと考え、1977年、ロブ・ジャノフに新たなデザインを依頼する。ジャノフはひと口かじられたシンプルなリンゴをデザインし、現在も使われているロゴが誕生した。

ひと口かじられたリンゴには、二重の意味があるらしい。ひとつは、聖書の知恵の木の実を食べたことの象徴。もうひとつは、コンピュータ分野の情報量の単位であるバイト(byte)とひと口《バイト》(bite)のかけことばだ。

リンゴは人を取り巻く環境にじわじわと浸透してきた。民間伝承や伝説、アートやビジネスの分野はもとより、英語のイディオムにもリンゴは登場する。たとえば「リンゴ売りの手押し車をひっくりかえす」と言えば「計画を覆す」という意味だし、「目のなかのリンゴ」とは「非常に大切なもの」という意味だ。リンゴは高い適応能力を生かして世界各地に分布し、その土地の文化や物語に根付き、すばらしい物語の主人公になってメッセージを伝えているのである。

第3章 ◉ 飲むリンゴ「シードル」

◉水よりも安全な飲みもの

リンゴをぎゅっと押しつぶし、果汁をしぼると、錬金術のような奇跡が起こる。リンゴの澄んだ甘い果汁がすぐに濁った液体に変わり、何も手を加えなくてもやがて自然に泡立ち、甘いジュースから醱酵酒に生まれかわるのだ。

ヨーロッパや禁酒法以前のアメリカでは、リンゴはそのまま食べるよりもシードルという醱酵酒にして飲むことのほうが多かった。アメリカの思想家、ラルフ・ウォルド・エマソンも、リンゴが醱酵酒になることから「ニューイングランド社会を支える果物」と呼んだ。この言葉どおり、17~18世紀にかけて、アメリカ東部の入植地や西部開拓地でリンゴが非常に大切にされたのは、シードルづくりのためだった。

シードルは、当時は数少ない安全な飲料のひとつで、家庭でも酒場でも、水やミルク、ワイン、ビール、蒸留酒よりもシードルのほうがなじみ深かったほどだ。農民や兵士から政治家にいたるまで、誰もがシードルを飲んだ。この習慣を北アメリカにもたらしたのは、数世紀にわたりリンゴの酒を飲んできたイギリス人だった。

シードルは北の地方で好まれるアルコール飲料だ。ヨーロッパの三大シードル産地であるイギリス南西部、フランス北西部、スペイン北部では、シードルの歴史はケルトの時代までさかのぼる。強い酒は甘みが強い果物からできるので、ブドウを使うのが一般的だ。しかしブドウがうまく育たない北部の地域では、リンゴに頼っていた。プレス機と樽があれば誰でもつくれる手軽さも好都合だったのだろう。

プレス機でリンゴを押しつぶし、しぼりだした果汁を樽で数週間醗酵させると、アルコール度数がワインの半分ほどの飲み物になる。もっと強い酒を望むなら、シードルを蒸留すればブランデーになるし、凍らせてアルコールを濃縮すればアップルジャックという飲み物ができあがる。今日、北アメリカでは醗酵させたアルコール入りシードルを「ハードサイダー（シードル cider の英語読み）」と呼ぶが、これは20世紀に誕生した言葉で、甘いリンゴ果汁が醗酵するのを防ぐ冷蔵技術が発明されるまで、シードルはすべて「ハード」、すなわちア

ジョン・ジョージ・ブラウン「シードル・ミル」（1880年）

ルコール分を含んでいた。

◉シードルの始まり

最初にシードルを発見したのは誰なのか、初めてつくられたのはどこなのか、正確なことはわからない。リンゴが温帯地方各地に広まっていたためだ。

最古の記録はローマ人のシードルだ。紀元前55年にグレートブリテン島に侵攻したユリウス・カエサルは、ケルト民族が小粒の野生リンゴ（クラブアップル）の果汁を醱酵させているのを発見した。果汁で醱酵酒をつくっていたのはケルト民族だけではなかったようだ。ローマ人の記録によると、ヨーロッパで遭遇した多くの民族がシードルによく似た飲み物をつくっていたらしく、なかにはブドウからつくったワインよりも美味と称されたものもある。

4世紀には、ローマ人自らセイヨウナシでペリーという酒をつくり始めていた。カエサルはシードルを好んだと言われているが、ローマ人が熱心にリンゴを改良し、最終的に20品種以上を栽培したのはそれが理由だったのかもしれない。

同じ頃、聖ヒエロニムスが醱酵したリンゴ酒を意味するシセラ（sicera）という単語を初めて使った。シードル（cider）はこの言葉に由来する。シセラは、ギリシア語で「酔いをもたらす飲料」を意味するシケラ（sikera）との関係が深く、そのシケラはヘブライ語でワイン以外のすべてのアルコール飲料を指すシェカール（sekar もしくは shekar）からの派生である。

ローマ帝国の崩壊とともに、キリスト教修道会とイスラム世界が園芸技術を担うようになった。8世紀にスペインに侵攻し15世紀末まで支配したムーア人［アフリカ北西部のイスラム教徒］は、植物園をつくり、古代ギリシア・ローマの園芸知識をもとに、新たな技術やリンゴの品種を開発して次世代に影響を与えた。彼らがつくったタンニンが多く渋みの強いリンゴは、現在も香り豊かで独特な風味を持つシードルの原料として使われている。

しかしスペインでは、シードルは目新しい飲料ではなかった。ヨーロッパ最古のリンゴの生育地とも言われるスペイン北部では、キリスト誕生以前からシドラ（sidra）というシードルがつくられていたためだ。

シードルづくりはヨーロッパ北西部で徐々に発達した。シャルルマーニュ（カール大帝）は農民にシードル用の果樹を栽培させ、シードル製造者には生産量を増やすよう布告を出したが、シードルを飲む習慣はなかなか浸透しなかった。世界有数のシードル産地になるノルマンディでさえ、シードルが広く飲まれるようになるのは、ビールが品不足になった12世紀直前のことだ。ノルマンディの住人であるノルマン人はシードルにおおいに魅せられたが、イングランドの住人は、1066年にノルマン人に征服されるまでシードルには興味を示さなかった。

◉フランスのシードル

シードル生産がノルマンディ以外のフランスの地域へ広まったのは、16～17世紀にかけてのことである。フランスの農業組合はシードル生産を奨励し、生産農家を増やすためにシードル品評会のスポンサーになった。シードルを生産するほぼすべての農園で、シードルを蒸留してから熟成させるアップル・ブランデーもつくっていた。

なかでもノルマンディの一地方であるカルヴァドス産のアップル・ブランデーは非常に高品質で、カルヴァドス産のアップル・ブランデーはとくべつに「カルヴァドス」と呼ばれている。これは検定付き原産地呼称（ＡＯＣ）の対象品だ。ＡＯＣとは、１９４２年以来続いているフランスの制度で、特定の生産品の品質を保証するために一定の条件を満たしたものだけが原産地を呼称とすることが許される。

１８６０年代、ブドウの根や葉にこぶをつくるフィロキセラ（ブドウネアブラムシ）という小さな昆虫が大発生し、ヨーロッパのブドウに大きな被害が出ると、フランスのシードル熱がいっそう高まった。

ヨーロッパの優秀なワイン醸造家の大半が、やむをえず害虫に強いアメリカのリンゴの台木をワイン用のブドウ畑に植えたため、ブドウへの被害が収まり始めた頃には、フランスではおよそ４００万本のリンゴの木が栽培されていた。現在フランスは世界最大のシードル産地で、ノルマンディ地方とブルターニュ地方がその中心だ。

◉イギリスのシードル

中世の時代、イギリスではシードルとビールが覇権争いを続けた。ノルマン人は、形がヨウナシに似ているペアメインをはじめ、新しいリンゴの品種を数多くブリテン島にもたらした。ペアメインは、ブリテン島で初めて名前が記録されたリンゴで、これによってシードルづくりが活気づく。

しかし、15世紀から16世紀にかけてビール人気が高まると、シードルは敗北を喫した。フランドルから伝わったホップがイギリスのエールの香りを格段に向上させ、鮮度も長く保てるようになったためだ。保存も楽になり、ビールは気軽に楽しめる飲料になった。しかし1世紀後、リンゴを重んじるプロテスタンティズムが誕生すると、シードル人気が復活する。17世紀のイギリスでは、農場の経営事情とシードルづくりがぴたりと一致した。リンゴの

鉛釉薬（なまりゆうやく）の陶器の壺（1674年）。ビールやシードルを運ぶための大きな壺は地方の共同体には欠かせなかった。

木は収量が多く、手入れも楽で、寿命も長い。しかもシードル用のリンゴの大半は、10月もしくはそれ以降まで収穫する必要がない。その頃にはほかの作物の収穫が終わっているので農園では時間に余裕があり、シードルづくりができるというわけだ。農場労働者はたいてい、給料の一部としてシードル手当てをもらっていた。この習慣は13世紀に始まり、１８７８年に違法と認定されるまで続いた。

シードルはイギリスの社会情勢にとっても都合がよかった。理由はふたつある。ひとつは、イギリスでは長年、燃料用の木材が不足していたことだ。ビール醸造は、大麦を麦芽にし、麦芽汁を醱酵させるために加熱する必要がある。一方シードルづくりでは加熱は不要で、そのため薪もいらない。しかも、リンゴを栽培すれば、若木はシードル用のリンゴの収穫に、古木は薪にして燃やすことができた。

もうひとつの理由は、イギリスとほかのヨーロッパの国々、とくにフランス、ドイツとの関係が不安定だったことだ。シードルを自国でつくり始めたため、イギリスはいつ敵になってもおかしくない国々のアルコール飲料に依存する必要がなくなった。シードルは、資源の有効利用であるばかりか、愛国心の源にもなったのである。

18世紀になると、果樹園とシードルづくりはイギリス南部にしっかり根付き、とくにグロスター、サマセット、ヘレフォード、ウースター、デヴォン、エセックス、サリー、サセッ

ディルク・ド・ブレイ「落ちてくる果物をエプロンで受ける少女と、はしごをのぼる少年」(1650～78年)。木版画。

クス、コーンウォールの各州で盛んになった。肥沃な土壌とおだやかで雨の多い気候がリンゴ栽培に最適だったのだ。当時のイギリスではシードルを求める声がかなり高まっていたので、これは幸運だったと言えるだろう。

イギリスの小説家にしてジャーナリストのダニエル・デフォーによると、1720年代には450～900万リットルのシードルがデヴォン州エクセターの港から輸出されたそうだ。一方ロンドン市民は、非常に評価の高いシードル産地のひとつ、ヘレフォードのシードルを取り寄せた。

リンゴの木の神に感謝し、翌年の収穫を祈願する宴はワッセルと呼ばれ、イギリスのシードル産地では重要な風習だ。開催されるのは十二夜、すなわちクリスマスから数えて12日目に当たる1月6日の前夜で、果樹園を災害から守るための欠かせない行事だった。

しかし、その起源は不明で、手順もさまざまだ。シードルのジョッキや、シードルにひたしたトーストやケーキをいちばん大きなリンゴの木に捧げて神々を崇める地方もあれば、木々にシードルをふりかける地方もあった。妖精のために小ぶりのリンゴを枝に残しておくことも忘れてはならなかった。

捧げものには必ずと言ってよいほど歌がつきもので、儀式の終わりにはヤカンや鍋を打ち鳴らし、銃を撃ち、角笛を吹いて果樹の神々を目覚めさせ、邪悪な霊を追い払う。このワッセルは多くの果樹園で今日も続いている。

◉産業革命とシードル

残念なことに、18世紀半ばにシードルの人気は下降線をたどり始めるが、その原因をつくったのもほかならぬシードル人気だった。

それまでシードルづくりは田園地方で行なわれ、農園労働者たちが自家用や近隣用につくるか、時間的にも経済的にも余裕のある富裕層が高級シードルをつくるか、どちらかだった。

しかし、産業革命がすべてを変えた。多くの人々が農園から都市へ流出したためにつくり手が減り、シードルの品質は低下した。しかし需要は高いままだったので、そこに目をつけた悪徳仲買人が手っ取り早く儲けようと、混ぜ物をしたり水で薄めたりした、シードルとは名ばかりの代物を売り始める。酸味の強い「スクランピー」なる飲み物も登場したが、これは醗酵するものならなんでも材料にできたので、腐った果物や野菜、リンゴ以外の果汁からもつくられた。

おもしろいことに、現在スクランピーという単語は肯定的な意味に変化し、伝統製法でつくられた少量生産品と(何も加えないリンゴ果汁100パーセントで、濁ることも多い)、大量生産の市場ブランドを区別するために使われている。イギリスでは、西部地方のシードルをスクランピーと呼ぶようだ。

シードルの評判がさらに落ちたのは、体にしびれるような痛みが走る「疝痛《せんつう》」がデヴォンで大流行したのがきっかけだ。原因はシードルの製造設備のパイプによる鉛中毒で、そうした低品質のシードルのために、イギリスで出回り始めたギネスやバスといったエール・ビールのほうがはるかに安全な飲み物だとみなされるようになったのである。

19世紀後半にはいっそう工業化が進み、イギリスのシードルは小規模に生産して地元で消費する飲料から、大規模に製造される商品へと変貌する。ヘレフォード州近辺では、1870〜1900のあいだに12か所以上のシードル工場が建設された。そのひとつが、

エドワード・カルヴァート「林檎酒の宴」(1828年)。木版画。リンゴの木のあいだで踊るカップルの奥に、シードル・プレス機が見える。

1887年にパーシー・バルマーが設立したH・P・バルマー社だ。現在も世界一の規模を誇るシードル・メーカーで、イギリスで消費されるシードルの60パーセントを生産している。

◉アメリカのシードル

建国間もないアメリカでは、シードルがイギリス以上に人々の暮らしに欠かせないものになった。18世紀末のアメリカ独立革命の頃には、ニューイングランドの農場の1割が自前のシードル工場を運営していた。ごくささやかな果樹園でもかなりの量のリンゴが収穫されるので、狭い場所に大量のリンゴを貯蔵することを考えると、シードルに加工するほうが都合がよかったのだろう。こうしてシードルはまたたく間にアメリカの国民的飲料になった。

イギリス同様にアメリカでも、シードルは健康に良い飲み物と考えられ、食事のたびに飲まれた。度数が低くてもアルコールがウィルスや細菌の大半を殺すため、衛生的でもあった。当時は、きれいな小川の近くに暮らせるひと握りの幸運な人々を除けば、味も悪く汚染された水を飲むのが当たり前だったので、水代わりとしても重宝されたらしい。

子供たちは水で割ったシードルを、大人は牛乳と泡立てた生玉子をシードルに混ぜたモール・シードルという奇妙な名前の飲み物や、小麦粉とクリームでとろみをつけクルトンを散らしたシードル・スープを好んだ。独立戦争を指揮した第2代大統領ジョン・アダムズは、健康のために、亡くなるまで毎朝ジョッキ1杯のシードルを飲んでいたという。

シードルはアップル・バターやアップル・ソース、アップルジャック、アップル・ブランデーの材料にもなり、シードル・ビネガーは食品保存用として、果実や野菜のピクルスに使われた。

シードルは豊富につくられたので、樽詰めのシードル自体が通貨として使われ、衣服や家畜、果ては子供の学費にいたるまで、あらゆるものと交換された。1805年のニューヨークのとある会計帳簿には、「メアリの学費にシードル1・5樽」と記されている。

アメリカの多くの地域でシードルが生産されたが、シードルとそれを蒸留してつくるアッ

ジョン・コリアー撮影「マサチューセッツのリンゴ酒とチェリー酒を売る農家」（1941年）

プル・ブランデーの両方で有名になったのがニュージャージーだ。もっとも高く評価されたシードルはニュージャージー州北東部のニューアーク産で、ハリソン等の地元の品種のリンゴから生まれる香り豊かな甘いシードルは、ニューヨークで高値がついた。1810年、ニュージャージー州エセックス郡では、19万8000樽のシードルと120万リットルのアップル・ブランデーが生産されている。

ヴァージニア州の大規模農園（プランテーション）は、ジョージ・ワシントンやトマス・ジェファーソンら歴代大統領の生家も含め、シードルなしには語れない。

ワシントンは何千本ものリンゴの若木を植え、接ぎ木を試して大手のシードル生産者になった。

ジェファーソンには美食の傾向があったため、つねに最高のリンゴと最高のシードルを探し求めていた。モンティセロにつくったふたつのリンゴ園は、ひとつが生食用、ひとつがシードル用という熱の入れようだった。お気に入りのシードル用品種はトリヴァーで、ジェファーソンいわく、トリヴァーは「かつてないほどのすばらしいシードルを生み、ワイン以外でわたしが飲んだどんなアルコールよりもワインに近い」そうだ。

◉禁酒運動

イギリスと同じように、アメリカでも工業化がシードル生産にかげりをもたらした。労働者が農場から都市や西部の肥沃な土地へ移動したため、昔ながらの果樹園の多くが放置された。自家製のシードルは、濾過《ろか》も低温殺菌もされていないため、長距離輸送が難しい点も問題だった。さらに、ドイツや北ヨーロッパから新たな移民が絶えず入ってきたので、ビール文化がアメリカにもたらされ、シードルに取って代わったのである。

しかし、いちばんの打撃は19世紀の禁酒運動だ。かつてシードルは健康に良い安心な飲料と考えられていたが、疑念の目が向けられ、人を酩酊させる不道徳な「強い酒」に分類された。

責任の一端は製造者にもある。長年にわたりシードル・メーカーは、長期保存が利くように、とくに長距離輸送が見込まれるシードルに人工甘味料を加えてアルコール度数を高めてきた（通常は6パーセント）。販売を促進するために、酸味の強いシードルにラム酒を加え、非常に強いシードルをつくるメーカーもあった。

冬期に屋外で凍らせた「ハード」シードルからつくるアップルジャックも、シードルの売り上げには貢献しなかった。飲むとひどい二日酔いになり、「りんご麻痺」という症状が出

A・D・フィルモア「禁酒の木」(1855年)。禁酒の利点と飲酒の害を詳述した版画。リンゴをくわえビールジョッキを頭に載せているヘビが、ごつごつした木に巻きついている。木の根はシュナップスという蒸留酒やウィスキー、ワイン、ビール等の酒でできている。

ると噂されたためだ。結局イギリスと同じように、不誠実な製造者が品質の悪いシードルをつくり、それがシードルの評判を落とすことになったのである。

禁酒運動の支持者は、果樹園主や製造者にリンゴの木を伐採させ、アルコール飲料はつくらないと宣誓させた。１８９９年には2億１０００万リットルあったアメリカのシードル生産量は、禁酒法が制定される１９１９年頃には５０００万リットルまで落ちこんでいる。禁酒法のためにシードルという言葉の意味も変化し、アメリカ建国時代の入植者の栄養源だった飲料ではなく、余剰リンゴでつくる醱酵させていない甘いリンゴジュースを指すようになった。

禁酒法が廃止されても、ビールとは違い、シードルが復活することはなかった。大麦やホップは成長が早く、高まる需要にすばやく対応できるのに対し、リンゴの木は実をつけるのに10年かかる。シードルをつくるためには、慎重に接ぎ木をするか、新しい果樹園を種から育て、数年かけてシードルに必要な材料を手に入れなければならなかったのだ。

ビールは大規模なビジネスでもあったため、ビール製造者は業界を守るために禁酒法廃止を訴え、積極的にロビー活動を続けていた。それに対してシードルは、伝統的に少量生産で生産者どうしの横のつながりもなかったため、ビール業者のような業界共通の熱意も影響力も持ちあわせていなかった。

◉シードル・ルネサンス

しかし近年、シードルはある種のルネサンスを体験している。アメリカやヨーロッパをはじめ、世界各地でシードル需要が高まりつつあるのだ。小規模な果樹園主やシードル・メーカーは、ふたたびさまざまなリンゴを試して、シードルに最適な品種を探している。品質の良いシードルは、ワイン同様に、酸味と渋み、醗酵から生まれる香りがバランスよくまとまっている。

技術的には、シードルはどんなリンゴからでもつくることができるが、最高のシードルはそれぞれ甘み、酸味、苦みを特徴に持つリンゴのブレンドから生まれる。思わず口がすぼまるほど酸っぱい小粒のリンゴから、砂糖のように甘いリンゴまで、どんなリンゴでもシードルの風味になんらかの特徴を加える。単一品種から良質なシードルができることはまれなのだ。

リンゴは、味と用途に応じて大きく3種類に分類できる。デザート用、調理用、そしてシードル用だ。デザート用のリンゴはたいてい生で食べられ、甘いがほどよい酸味もある。調理用は、リンゴ酸（酸味のある食品に見られる活性成分）がより多く含まれているか、あるいは糖分が少ないため、デザート用より酸味が強い。そのままテーブルに出されるデザート用

シェファー・アンド・ベック設計の特許製品、ヒコック社シードル・ミル。1850年。

とは違い、やわらかく煮詰めて使われることが多い。

シードル用は、もっともあいまいな分類だ。デザート用も調理用もシードルづくりに使われるためだ。純粋なシードル用リンゴは皮と果肉にタンニンが含まれているので、苦みと渋みが強い。タンニンはワイン用のブドウにもあり、シードルの質を安定させ、不純物を取り除く役目を果たす。また、ワインでもシードルでもぴりっとした香りとこくが生まれ、仕上がりはさっぱりとした辛口だ。さらに、完成したシードルの日持ちもよくなる。

シードル用のリンゴは、さらに4つの系統に分けられる。ビタースイート（高タンニン、酸味弱め）、スイート（低タンニン、酸味弱め）、ビターシャープ（高タンニン、酸味強め）、そしてシャープ（低タンニン、酸味強め）である。こうしたリンゴのブレンドは、リンゴの圧搾前、圧搾後、あるいは醱酵後に行なわれ、それぞれ異なる個性が生まれる。

リンゴをシードルに生まれかわらせる基本的な方法は、過去数世紀にわたりほとんど変化していない。リンゴを収穫し、貯蔵中に「汗をかかせ」、余分な水分とエチレンガスを放出させる。すると果肉のデンプンが糖に変化する。その後リンゴを圧搾し、果汁をしぼって醱酵させる。ワインとは違い、ほとんどのシードルは長期間熟成させなくても飲むことができ、6か月以内に飲めるようになるものがほとんどだ。

世界のリンゴの栽培地では、その土地特有のシードルが生産されている。手に入るリンゴ

カリフォルニア州オークグレン、ライリー農場のシードル・プレス機

や製造工程の違い、人々の嗜好によって地域差が生まれるようだ。

ノルマンディのペイドージュ地方では、13世紀以来発泡性のシードルを生産してきた。発泡が起こるのは、まず砂糖を加えてからぶ厚いボトルに詰めて蓋をし、シャンパンのようにまっすぐに立てて保存するためだ。スイスやドイツのシードルは、デザート用の余剰リンゴでつくられることが多い。アプフェルヴァインと呼ばれるこのシードルは、芳醇でこくのあるイギリスのシードルよりも、白ワインに近い。

シードルが数千年前からつくられてきたスペイン北部では、地方の小規模メーカーが地元の農園からリンゴを買い付けてシードルを製造し、地元のシードルバーへ売る。たいていラベルは貼られていないので、製造者を知る唯一の手段はコルクの刻印だ。伝統的なスペインのシードルは、発泡性で酸味のきいた辛口だが、スペイン最大のシードル・メーカー、エル・ガイテロのシードルは、発泡性で甘みが強い。

イギリスでは、小さなプレス機でつくる農園主から大規模なバルマー社まで、生産者の規模はさまざまだ。いずれもフランスに比べて甘みが強くアルコール度数が高いシードルを製造する。

◉シードルの種類

これほど多様なシードルだが、大きくいくつかの種類に分類される。
まず、ドラフト・シードルは、もっとも一般的な市販のシードルで、余剰デザート用リンゴの果汁を辛口になるまで醗酵させる。素材そのままの無加糖のシードルよりもかなりアルコール度数が高い。醗酵した果汁はその後濾過され、水や、ときにリンゴ果汁と混ぜられ、アルコール度数約6パーセントに抑えられる。ドラフト・シードルは甘みが強いので、冷やして飲むのがお勧めだ。発泡性シードルは、なんらかの理由で炭酸ガスが発生したシードルで、瓶詰め後の醗酵を通じて自然に発泡するものもあれば、人工的に二酸化炭素を注入することで発泡するものもある。

農園でつくられるファームハウス・シードルも伝統的なシードルだ。ほとんどは非発泡性で辛口、高醗酵でアルコール度数は5パーセントに抑えられている。フランスではアルコール度数の低いあっさりしたシードルが主流で、発泡性も非発泡性もある。このシードルは、できたてのところでペクチンやタンニン、酵母菌、栄養物といった不純物を除去するために醗酵のスピードが抑えられ、長い時間をかけてゆっくりとつくられていく。サイザーと呼ばれるシードルは、ハチミツを加えているので甘みが強い。

最後のひとつは特製シードルで、リンゴ以外の果汁はもちろん、シードル・メーカーが想像しうる限りの風味をつけた、幅広い飲み物を指す。

◉昔ながらの味

シードル人気が復活したため、リンゴもあらためて評価されるようになった。忘れられていたビールの製法を復活させた小規模なビール・メーカーへの賛辞にも似ている。

アメリカでは、1987〜1997にかけて「ハード」シードルの消費が20倍になった影響で、多数のシードル・メーカーが東海岸や西海岸、中西部の北部に誕生した。

現在のイギリスのシードル年間消費量は4億6000万リットル以上で、1960年代の4倍にのぼる。その大部分はヘレフォードに拠点を置くバルマーをはじめ、大企業の商品が占めている。ヘレフォード州（現ヘレフォード・アンド・ウースター州）にはシードル博物館もあるので、イギリスのシードル製造について一から十まで知りたい向きにはもってこいだ。また、シードル・ルートと呼ばれる道をたどれば、イギリスのシードルの半分以上を製造している同州のシードル・メーカーめぐりもできる。

シードルが今後、イギリスの田舎町や植民地時代のアメリカでかつて保持していた最高の地位に返り咲くことはないかもしれない。しかし、シードルづくりのような昔ながらの習慣が現在も生き続けているだけで、おだやかな気持ちになれるのではないだろうか。

第4章◉リンゴと健康

「1日1個のリンゴで医者いらず」と言われるが、必ずしもそうではない。ヨーロッパでは数世紀にわたり、生のリンゴを食べるとほぼ確実に医者にかかる羽目になった。また、中世ヨーロッパでは、他人の赤ん坊に授乳する乳母や子供がリンゴを食べることは禁じられていた。胃の不調や下痢（赤痢）、インフルエンザまで、リンゴが原因ではないかと強く疑われていたためだ。リンゴが健康や活力のシンボルになったのは、19世紀末、アルコール飲料のシードル以上に生のリンゴを消費してもらおうと、リンゴ栽培農家が広報活動を始めてからのことである。

◉古代ギリシア〜中世

古代ギリシア・ローマ時代、リンゴは薬として重要な役割を果たした。種類ごとに効能が異なると考えられ、止血用の収斂剤《しゅうれんざい》や利尿剤として使われる品種もあった。また、どんな腹痛もリンゴを食べれば治り、吐き気も香りで収まるとされた。心臓病や発熱用の湿布剤には、必ずと言ってよいほどリンゴが含まれていたらしい。このほかにも、関節炎や座骨神経痛をやわらげたり、解毒剤の作用をしたり、分娩時の痛みを軽減したりと、リンゴの用途は広かった。

ローマ人が食事の最後にリンゴを食べたのは、リンゴを食べると消化がよくなるという説があったためだろう。紀元2世紀、ギリシアの医学者ガレノスは、ヒポクラテスをはじめとする医学や哲学の先達同様、人間の肉体は血液、粘液、黒胆汁《こくたんじゅう》、黄胆汁《おうたんじゅう》という4つの体液でできていると考えた。これらの体液はそれぞれ熱、冷、乾、湿の性質を持つとされ、人間の気質や体の不調と関連づけられた。

同じ分類が食べ物にも当てはめられ、医者はこの分類法を用いて、4体液のバランスを整えるためにはいつ何を食べるべきかを判断する。リンゴは冷・湿に分類され、赤身の肉のような熱に分類される食材とのバランスを取ると考えられたのだ。

しかし、こうした健康に良い性質を持つのは栽培種のリンゴだけで、酸味の強い小粒の野生リンゴは体に悪いとみなされた。ただし、野生種には野生種特有の効能があり、失神や便秘の治療に使われている。

太古の時代のリンゴに対する考え方は、数世紀にわたってリンゴの見方に大きく影響を与えた。12世紀のイタリアでは、西洋医学教育発祥の地とされるサレルノ医学校が、腸や肺、神経系の不調の治療にリンゴを用いることを教えた。

また、リンゴによる食餌療法や薬にする際のアドバイスを『サレルノ養生訓』という本にまとめて出版した。これは中世の時代、もっとも広く読まれた健康と治療にかんする医学書だ。19世紀まで続くリンゴ治療法の始まりは、サレルノ医学校だったのである。

●薬であり、毒であり……

17世紀には、家庭でもリンゴが治療に使われるようになった。しかし、生のリンゴを安全においしく食べる健康法というわけではなく、どちらかというと生のリンゴを特定の症状の治療に用いていたようだ。医師やヒーラーは鬱状態の患者にコップ1杯のシードルを処方したが、患者の気分が高揚したのはリンゴのおかげではなく、シードルが含むアルコール分のせいだったかもしれない。

エリザベス朝時代の植物学者ジョン・ジェラードは、腫れものにリンゴの湿布剤を勧めるとともに、「焼いたリンゴの果肉に水を加えてよく攪拌して1リットルほど飲むと、淋病に効く」とも述べている。ヴィクトリア朝時代の農場労働者は、痛みをやわらげるためにシードル・ビネガーに浸したぼろ布を体に貼り、あかぎれの治療にはリンゴのざく切りを混ぜたラードを厚く塗った。

古代ギリシア・ローマ時代、酸味の強いリンゴは好まれなかったが、その傾向は中世まで続き、生食向きのリンゴにまで影響が及ぶ場合もあった。酸っぱいリンゴを食べても、甘いリンゴを食べ過ぎても、胃痛のもとになったので、警戒されたのも無理はない。1541年、イギリスの作家にして外交官、サー・トマス・エリオットは、「一般的に、どんな果物も人間には不要なものなので、不機嫌を引き起こし、化膿熱の原因になることもしばしばだ」と警告している。

ローマ帝国崩壊後は果樹園が衰退したため、酸味の強い実ばかりが残り、リンゴには毒があるという誤解が広まる。人々はリンゴを食べ続けたものの、リンゴは健康に悪いのではという疑いは事実無根ではなかった。村や町の市場で売られるリンゴは、未熟なものや過熟なものもあれば、戸外の肥溜《こえだ》めにたかる虫やネズミに喰われたものもあったためだ。

リンゴへの不安は、エバの堕落の原因とみなされていることにも関係していたかもしれない。アダムとエバが紛れもないリンゴの木の下に描かれた絵画も多いので、それを見てリンゴを食べることを躊躇する人がいたとしても不思議ではないだろう。

しかし、こうした不安はリンゴを調理することで多少やわらいだようだ。14世紀のイタリアの医学書には、加熱してスパイスを加えれば、リンゴの悪い成分は取り除かれると記されている。さらに、リンゴは調理したほうが味もよくなるので、砂糖をまぶし、そこにキャンディでコーティングしたアニシード［セリ科の植物、アニスの実］を添えるとなお良いとの記述もある。14世紀のイギリスでは、消化を助けるために、食事の最後に焼いたリンゴやヨウナシが出された。

生のリンゴを積極的に用いる治療法もあった。キリストの復活を祝うイースター前に断食や懺悔を行なう四旬節のあいだ、イギリスの修道士は1日10個のリンゴを食べて便通を正常に保ったそうだ。食事の最初に生のリンゴを1個食べると胃が広がり、心臓も活性化するが、相変わらず神経系には有害とみなされていたので、胃を広げるためにリスクを冒すべきか、決断が必要だった。

食後に食べると歯がきれいになるというのも、中世に評価されたリンゴの利点だ。歯ブラシの代わりとはいかないが、現在も歯の汚れを落とす食べ物とみなされている。

薬壺。1515年頃。スズ釉の陶器。中世の時代によく見られた壺。さまざまな薬草、植物の根、シロップ剤、丸薬、軟膏、砂糖菓子を保存した。

中世の時代、生のリンゴは必ずしも安全な食べ物とは言えなかったが、薬として重要な役割を果たしていた。たとえば、リンゴの果肉は外用薬や化粧品のたぐいの増量剤として使われた。ポマード（pomade）というワックス状の整髪料も、もとはリンゴの果肉pulpを原料に使っていた。

◉壊血病と砂糖

15世紀から17世紀にわたる大航海時代、植民地を求めて世界の大陸をめぐったヨーロッパ人は、長い航海中にビタミンC不足で起こる壊血病の症状［皮膚や歯茎の出血、貧血］をリンゴで緩和した。

イギリスの航海家キャプテン・クックことジェームズ・クックは、乗組員用にリンゴを積みこんだので、彼の船では壊血病で亡くなった乗組員はひとりもいなかったと言われている。19世紀のイギリスの捕鯨船は、漁が長期におよぶので、リンゴとシードルの樽を積んでいた。長期間の航海にたずさわる船会社はすぐに、リンゴが壊血病予防に効果があると気づいたため、レモンやライムとともに外洋の旅には欠かせない果物になった。

イギリスで生の果物への不信感が薄れたのは、16世紀になってからだ。その理由のひとつは、砂糖の普及である。砂糖は、地中海世界では少なくとも紀元前325年から知られていた。アレクサンドロス大王に仕えたネアルコス将軍がインドで砂糖に出会ったとされる年である。しかし、数世紀のあいだ、砂糖は甘味料ではなく薬として使われていた。ローマ人は砂糖をスパイスと混ぜ、体を温める薬として腸や腎臓、胃、膀胱《ぼうこう》の治療などに使った。やがて古代ペルシア人、続いてアラブ人が砂糖を大量に製造することに成功し、料理にも使われ始めた。

果実と砂糖を混ぜて薬にすることは理にかなっている。砂糖は、体を冷やすと思われていた果実の作用を中和し体を温めるだけではなく、ヨーロッパでは一般的な甘味料だったハチミツよりも品質が安定していたのだ。砂糖を加えることで腐敗しない無菌のシロップをつくることもでき、その濃度を加減することもできた。砂糖があれば果実をジャムやゼリーにすることも、砂糖漬けにして保存することもできた。

しかし、こうした砂糖漬け果実も、当初は菓子ではなく病気の治療に使われていた。果物のペーストや菓子、ジャム、シロップのつくり方が初めて登場するのは料理本ではなく、アラブの調剤書である。砂糖が安価になり、手に入りやすくなると、ヨーロッパでは食事の最後に果実の菓子を食べるコースが登場し、生の果実も積極的に食べられるようになる。生のリンゴを食べる人が増えても健康を害する人は増えなかったため、医師や一般市民のリンゴ

ワシントン DC の米州連合前に止まるナショナル・アップル・ウィーク・アソシエーションの配達車。1926年。リンゴは健康に良いと宣伝する横断幕をかかげている。ナショナル・アップル・ウィークは、消費者にリンゴにもっと関心を持ってもらうために1904年に始まった。

への見方が変わった。味の良い品種が順調に増えたことも、安全でおいしい果物という評判につながった。

◉禁酒運動とイメージ・チェンジ

とはいうものの、リンゴは相変わらず生で食べられるより飲み物にされることが多く、イギリスの田園地帯や植民地時代のアメリカではとくにそれが顕著だった。飲料水は質が悪く、牛乳は低温殺菌されていなかった時代、シードルは安価で安全な飲み物で、ほぼ誰でもつくることができた。子供が飲んでも安心と考えられ、水で割ったシードルが栄養豊富な健康に良い飲み物として子供に与えられた。

しかし、19世紀にアメリカで禁酒運動が起こると、シードルは健康に良いとの定評は根底から覆《くつがえ》る。アメリカが農業から離れ都市化に向かうにつれ、多くの人々が社会の変化、とりわけ極度の貧困、蔓延《まんえん》する病、そして犯罪の増加に不安を感じ始めた。禁酒運動の支持者は、こうした社会問題の大半はアルコールが原因だと考えるようになった。

農民のなかにはリンゴの木を伐採する者もいたが、アルコール飲料づくりから甘いリンゴジュースづくりに鞍替《くらが》えした者もいた。その結果、アルコールを含まないジュースの市場が

リンゴは健康に良いとされ、子供の学校給食に出された。

誕生した。

禁酒運動を熱心に指導したのが、長老派教会の牧師にして自称食餌療法の導師、シルヴェスター・グラハム師だ。グラハム師は「果物、野菜、ナッツ類は禁酒に役立つ」と主張し、健康的な食べ物ほど加熱の必要はないと断言した。「みずみずしいモモや、果汁たっぷりのリンゴに勝る贅沢があるだろうか？」と、なんとも大袈裟な言葉も残している。やがてアメリカ人は食餌療法を肉体の健康だけではなく精神の健康にもつながると考え始め、現代の健康食運動の基礎が築かれた。

酒場を斧で壊して歩いた禁酒運動支持者からリンゴを守るために、リンゴ栽培家は広報活動に取りかかり、健康に悪いというリンゴのイメージチェンジを図る。１９０４年、ミズーリ州セントルイスで開催された万国博覧会では、ミズーリ州の果物研究家Ｊ・Ｔ・スティンソンが「１日１個のリンゴで医者いらず」という有名な言葉を生み出した。それ以来、リンゴはこの言葉の恩恵を受け続けている。

今日、リンゴは世界的に健康に良いとみなされており、かつて疑念を持たれていたことが信じられないくらいだ。リンゴには食物繊維、ビタミン、フラボノイドが含まれているため、さまざまな病気を防ぎ、消化を助ける。ほぼ一年中手に入るので、リンゴを食べることは健康への近道になるだろう。

第5章◉世界のリンゴ

◉リンゴにいったい何が起きているのか

リンゴは、世界でもっとも広い地域で栽培され、食されている果物のひとつだ。過去4世紀以上のあいだに、北アメリカだけで1万4000の品種が栽培され、さらに数千種以上が世界各地に浸透している。

しかし世界のリンゴの香りや色、形、利用法は驚くほど多種多様なのに、巨大なスーパーマーケットから地元の小さな果樹園にいたるまで、実際にはかなり限られた品種のリンゴしか販売されていない。過去に栽培されたリンゴの品種のうち、商品として継続的に手に入る品種は、多めに見積もっても1割にも満たないそうだ。リンゴにいったい何が起きている

アーサー・ロススタイン「ニュージャージー州キャムデン郡のリンゴ出荷場の労働者」（1938年）

のだろう。
答えは、リンゴが地元の特産品から世界規模の商品に変化したことにある。

現代のリンゴ産業はあまりに大きくなりすぎて、世界の食卓にのぼることができるのはわずか20種類ほどだ。そしてそのほぼすべてが、北アメリカで開発された、あるいはそれらを基に改良されたものである。この変化は、19世紀の社会の工業化とともに始まった。新たな技術や輸送手段が生まれ、食料の生産や分配の仕組みが根本から変わった時代で、新しいものを求めるエネルギーや勢いに満ちていた。とくにヨーロッパや北アメリカでは、リンゴもひとつの商品として注目された。

19世紀には海上輸送が発達し、アメリカ、カナダ、オーストラリア、ニュージーランド、南アフリカから、リンゴの樽がつぎつぎと海外へ送られるようになった。かつては輸出用のリンゴといえば、乾燥させたりシードルに加工したりが当たり前だったが、最新式の船と以前より丈夫になった品種があいまって、生の果実の輸送量が格段に増加した。

こうした生産地どうしの競争にさらされた栽培農家は、大量に収穫でき、長期の海上輸送のあいだも傷まない品種にしぼって、だいたい1〜2種類だけを栽培するようになった。

◉アメリカでの品種改良

リンゴの品種改良は、18世紀末から19世紀初頭にかけて盛んに行なわれた。世界規模に拡大する市場に最適なリンゴをつくろうと、栽培農家が熱心に取り組んでいた頃だ。革新的な農場や栽培家は、世界規模の貿易が始まる前から協力し合い、新種の木を共有していた。たとえば、ロンドンの出版業者サミュエル・ハートリブは、多くの品種改良家と交流していた。17世紀にイギリスにリンゴの新品種をいくつも持ちこんだドイツの医師、ヨハン・ブルンもそのひとりだ。新しい道具や若木を融通し合うことは、厳しい寒さのなかで育つリンゴを強く望んでいた北部の栽培家の助けになった。

しかし、リンゴの品種改良が飛躍的に進んだのは、北アメリカにリンゴが根付いてからだった。

19世紀、アメリカの栽培農家は、商業的に成り立つ品種をひたすら求めていた。ジョニー・アップルシードが広めた野生の若木は、シードルの材料や豚のエサとしては役に立ったかもしれない。しかし現実的な栽培家は、それに投資をしても利益は得られないと知っていた。

無限ともいえる国土を持つアメリカでは、熱心な苗木職人が入念に選んだ接ぎ木で果樹園をつくり始める。こうした果樹園からは、ボールドウィン、グリーン・ニュートン、ジョナサン［紅玉《こうぎょく》］、ホーレー、スピッツェンバーグ、ワインサップ、ヨーク・インペリアルといったアメリカ特有のリンゴが誕生した。その多くはヨーロッパでも人気を呼び、広く栽培されるようになった。

アメリカの栽培家は、地理的にも有利だった。たとえばニューヨークはハドソン川河口に位置し、深い港があるため、リンゴの輸出の中心地となった。そこから近隣の州のリンゴを船で出荷できるので、ハドソン川沿いに果樹園が増えた。

1741年には西インド諸島へのリンゴの輸出が始まり、それから20年足らずの1758年にはアメリカのリンゴが初めて大西洋を横断している。イギリス政府のペンシルヴェニア植民地議員だったベンジャミン・フランクリンが、ニュータウン・ピピンという品種に出会った年だ。フランクリンはすぐにリンゴを友人に分け、ロンドンとフィラデルフィアで活発なリンゴ貿易が始まった。

19世紀後半、北アメリカではリンゴの品種改良が進み収穫量も順調に伸びた。育種家が注目したのはロシアの品種で、なかでも中西部の栽培家は、ロシアの品種なら寒冷地でも育つかもしれないと期待した。有名なアメリカの新聞編集者、ホレス・グリーリーが1860年に「ミネソタへは行くな……あそこではリンゴは育たないから！」と語ったのを受けての挑戦だった。

冬のリンゴ園

ミネソタ州をはじめとするアメリカ中西部にとってさいわいなことに、1860年代末、育種家のピーター・ギデオンが、ロシア生まれの「ウェルシー」という丈夫な品種を発見した。それにより、アメリカで耐寒性の高いリンゴの品種改良が盛んになる。まもなく、ミネソタ大学が150種類のロシアのリンゴを手に入れ、試験的に接ぎ木を開始した。こうしてリンゴの木は中西部から太平洋岸にも広まった。

カナダで初めてリンゴの品種改良をしたのは、オンタリオ州パリスのチャールズ・アーノルドだ。アーノルドは、1873年のアメリカ果樹学会の会合で18種類のリンゴを発表した。そのひとつがのちにオンタリオ・アップルとして有名になる。アーノルドの功績に多くのリンゴ栽培農家が刺激を受けた結果、リンゴはカナダでもっとも価値の高い農産物の仲間入りを果たし、おもにブリティッシュコロンビア州とオンタリオ州で栽培されている。

●ロシアでの品種改良

ロシアでも、19世紀末～20世紀初頭にかけて、栽培しやすいリンゴの品種改良が進んだ。園芸家のイヴァン・ヴラジーミロヴィッチ・ミチューリン（1855～1935）は、科学の教育を受けたこともなければ大学や研究施設で働いたこともなかったが、ロシア屈指の品種改良家として厳しい気候でも育つリンゴを探し続けた。ミチューリンは独自の品種改良理論を持ち、苗木に耐寒性を持たせれば、その種から芽吹いた植物も耐寒性を持つと考えた。この理論に基づいて、リンゴの雑種だけではなく、リンゴとヨウナシ、リンゴとサンザシの交雑種もつくった。

１９１９年までに、ミチューリンは１５３種類の新たな品種の果物をつくり、そのうち45種類がリンゴだった。また、彼がつくった５種類の耐寒性のあるキーウィフルーツはアメリカに伝わり、いまでは世界各地で広く栽培されている。ミチューリンの実績により、ロシアでは気候の異なる地域14か所に研究所が設立され、北部には耐寒性の強い果物の開発を目的に１００か所以上の小規模な研究所がつくられた。

◉グローバル時代の品種改良

農業市場が世界規模の大きさになると、さまざまな種を育てる小規模な栽培家は太刀打ちできなくなり、地元で人気のリンゴを切り捨てる道を選ぶ。収穫量が不安定だったり、傷んだり病気にかかりやすかったりすると、新たな国際市場の厳しい条件を満たすことができないためだ。

収穫直後の、船積みを待つリンゴ

今日、商品として大量生産されるリンゴは、輸送や保存で数週間、場合によっては数か月間たったあとでも、見た目がきれいで歯ごたえが良いことが求められる。栽培家は、美味なリンゴではなく、消費者に受け入れられるリンゴを生産しようと激しく競争している。輸出に必要な条件が優先され、味は後回しになっているのだ。

リンゴ市場の変化は、19世紀にも顕著だった。アメリカの著述家ヘンリー・デヴィッド・ソローは「接ぎ木のリンゴは一般的に、強くほとばしる風味よりもまろやかさや大きさ、収穫高を重視して、美しさよりも汚れや傷がないことを重視して、選択されてきたようだ」と述べている。市場が良質なリンゴの条件として新鮮な歯ざわりや見た目の美しさにこだわったため、今日のリンゴの風味や食感からは季節感が失われた。栽培地特有の、美味だが個性も強い昔ながらの品種にとって、現代の市場が求める基準は厳しすぎるようだ。

最高のリンゴを求める品種改良は続き、その熾烈さは科学技術の開発競争並みだった。各国の研究所や果樹園でつくられた新品種は8000種類にのぼる。

アメリカでは、1852年にアメリカ果樹学会が設立され、リンゴ栽培にかんする情報を情報センターに集約したので、リンゴ研究と果樹園の拡大に拍車がかかった。

1854年には、アメリカに対抗してイギリスでも果樹学会が設立された。1900年代初頭、イングランド南東部のケント州イースト・モーリング試験場で、新種開発に使われる重要な台木が多数つくられた。試験場の研究員たちは、ヨーロッパで数世紀にわたって開発されてきた台木を集めて特徴をまとめ、望んだ風味を次世代のリンゴに受け継がせる基礎を築いた。

イースト・モーリング試験場は、個性的な品種も開発している。グリーンスリーヴス、メリディアン、フィエスタはその例だ。ニューヨーク州イサカのコーネル大学実験研究所は、世界最大規模のリンゴ品種改良プログラムを実施している。1890年代の設立以来、エンパイア、コートランド、ジョナゴールドといった一般的なリンゴも含めて、60以上の品種がつくられてきた。

1930年代以降、ミネソタ大学は寒冷な冬や暑く乾燥した夏にも耐えられるファイヤーサイド、リージェント、ステート・フェア、ハニーゴールド、ゼスター、そして徐々に人気が出てきたハニークリスプといった品種を生み続けている。

日本では、青森県農事試験場苹果《りんご》部［現青森県産業技術センターりんご研究所］が1928年にリンゴの品種改良を始め、いまも市場に出荷されているものだけでも数十以上の新品種をつくってきた。

北アメリカで開発されたリンゴの品種は世界各地の果樹園に植えられ、現在世界のリンゴ市場の80パーセントを占めている。南米や南アフリカ、アジアのリンゴ産業にはずみをつけたのは、北アメリカのリンゴだと言えるだろう。

◉アジアのリンゴ

アジアのリンゴには長い歴史があるが、19世紀末までは、一般的なリンゴの大半が小さく酸味も強かったので、生食よりも加工用に使われていた。たとえば韓国に残るもっとも古いリンゴの記録は西暦1103年だが、政府が甘みの強いリンゴの栽培に力を入れ始める1906年まで、王族や上流階級しか食べることができなかった。

19世紀末から20世紀初頭にかけて、大きく甘い西欧のリンゴが宣教師によって持ちこまれると、アジアのリンゴ生産は一気に高まり、より多くの人々がリンゴの新たな楽しみ方を知るようになった。リンゴは現在トルコ、インド、イランの主要農産物だが、大半は生産地で消費されている。

日本のリンゴ産業は、明治時代初期におもにアメリカの苗木を導入してから発達した。このアメリカのリンゴと交雑して誕生したのが、日本の新品種だ。たとえば、1962年に品種登録されたふじは、レッドデリシャスとロールズジャネット［和名・国光《こっこう》］の交配種である。20世紀になると日本ではリンゴの品種改良が非常に盛んになり、なかでもふじは多く

オ・ジホ［韓国の画家］「りんご園」(1937年)

の新品種の親木になった。日本でリンゴの輸入が自由化されたのは、１９７１年である。

　中国では、１９８０年代にリンゴブームが起こった。政府が農業市場を世界に開放し、生産性や品質の向上に投資し始めた時期である。中国では数千年ものあいだ接ぎ木が行なわれてきたが、西欧で好まれるようになった大きく甘いリンゴが普及するにはかなりの時間がかかった。

　甘みの強いリンゴが初めて中国に現れたのがいつなのか、正確にはわかっていない。リンゴにまつわる史料はあるが、中国特有の小粒で苦い品種にしか言及されていないためだ。

　１９７０年代の中国で一般的だったリンゴは、比較的小粒で味も悪く、世界市場には出せない代物だった。しかし政府がレッドデリシャスとイエロー・デリシャスの苗木をアメリカから輸入し、国光《グオグアン》と金冠《ジングアン》という中国品種を改良したため、品質はかなり向上した。現在中国では、年間15億ブッシェル（約5億３０００万立方メートル）のリンゴが生産されている。これは世界の供給量の約半分にあたり、アメリカで栽培されるリンゴの7倍近い。その多くが濃縮果汁に加工される。

◉南米のリンゴ

南米では、チリが世界有数の果物生産国に成長した。南半球で栽培される果実の半分近く、および同じく南半球のリンゴの3分の1がチリ産である。

南米にリンゴを持ちこんだのは、17世紀から18世紀のスペインとポルトガルの探検家や宣教師だ。リンゴは新たな土地でもよく育ち、すぐにイエズス会の果樹園から飛び出して、アルゼンチンやチリの渓谷に根付いた。スペイン海軍のバジリオ・ビジャリノ艦長は、1782年から翌年にかけてパタゴニアのネグロ川流域を探検し、「大地はリンゴの木で覆われていた。物々交換で地元民から450グラム以上もあるリンゴをいくつも手に入れた」と書き残している。

1980年代には、アルゼンチン、チリ、ブラジルがアメリカやヨーロッパを相手に大規模にリンゴを輸出し始めた。北半球と南半球では季節が正反対なので、北半球が冬のあいだに出回る南米のリンゴはみるみる市場を拡大した。チリでは輸出用にガラ、ふじ、ブレイバーンといった赤リンゴの品種を栽培した。

アメリカでは、1920年代以来、ワシントン州がリンゴの最大産地であり、毎年その30パーセントを60以上の国々に輸出している。リンゴはワシントン州の象徴なので、ワシン

アメリカのリンゴ箱のラベル（1910～20年代）

トン大学とワシントン州立大学のアメリカン・フットボールの試合はアップル・カップと呼ばれる。ワシントン州自体が「アップル・ステート」と称されることもある。ニューヨーク、ミシガン、ペンシルヴェニア、カリフォルニアの各州も、リンゴ産地の上位に入る。

◉世界のリンゴ消費

今日、世界のリンゴの生産量は数千万トンにのぼる。当然のことながら、生産量が多い国は消費量も多い。アメリカでは、ひとりあたり年間平均7・7キロのリンゴを食べ、その人気は僅差でバナナに次ぐ2位である。イタリア、フランス、ポーランド、ドイツがリンゴ生産を牽引するヨーロッパでは、ひとりあたり年間平均18・1キロのリンゴを消費するが、地元の食文化にリンゴが欠かせない産地では、それをさらに上回る。中国では、ひとりあたりの年間消費量は13・6キロ以上だ。

20世紀に入ると、アメリカでは植物特許を取ったり、商標登録されたりする品種も出てきた。たとえばハニークリスプは、特許登録されているのでむやみに栽培することはできない。

現在、広くその名が知られ食されているリンゴは、レッドデリシャス、ゴールデンデリシャス、グラニースミス、マッキントッシュ［旭］、ロームビューティ、ふじ、ジョナサン［紅玉］、ヨーク、ガラ、アイダレッド、コートランド等である。このうち、ふじとガラは、ジョナゴールドやエルスター、エンパイアといった人気急上昇中の品種同様、19世紀に開発された有名な国際品種の子孫だ。

伝統的なリンゴの品種改良は、長いあいだごくわずかな栽培変種から新品種をつくろうとしてきた。たとえばピンクレディーは、ゴールデンデリシャスとレディーウィリアムスの交配種であり、ジョナゴールドはゴールデンデリシャスとジョナサン［紅玉］の、ガラはゴールデンデリシャスとキッズオレンジレッドの交配種である。

◉ふたつの「デリシャス」

世界でもっとも食されている品種はゴールデンデリシャスで、世界市場の65パーセント以上を占めている。フランスで栽培される一般市場向けのリンゴの約60パーセントもゴールデンデリシャスだ。

1890年頃、ウェストヴァージニア州にあるアンダーソン・マリンズの農場で、1本のリンゴの若木が発見された。マリンズは1914年までその木を育て、マリンズ・イエローシードリングと名付けた実をミズーリ州の種苗会社、スターク・ブラザーズ・ナーサリーズ・

ゴールデンデリシャスは、世界でもっとも食べられているリンゴだ。

アンド・オーチャーズへ送った。経営者のポール・スタークはそれを非常に気に入り、マリンズの農場に出向いて木を買い取り、ゴールデンデリシャスと改名した。

こうして誕生したゴールデンデリシャスは、１９２０年代にアメリカ全土に植えられ、現在の市場向けのリンゴの見本になった。栽培が容易で、収穫量が多く、形もそろっているため、つねに一定の質と量を求めるスーパーマーケットに並べるには理想的だったからである。

もうひとつのデリシャス、レッドデリシャスはアメリカで非常に人気が高く、アメリカのリンゴの収穫量のほぼ4分の1を占める。しかし現在人気は下り坂だ。外見はやや縦長で、底部にはごつごつした5つの出っ張りがある。この特徴的な形をもとにデザインされたロゴは、１９６０年代以来ワシントン産のリンゴのしるしとして使われ、不朽の名声を与えられた。しかしうまみに欠けるぼんやりした風味もこのリンゴのイメージとしてすっかり定着してしまったため、近年の人気のかげりにつながった。

とはいえ、昔はこうではなかった。レッドデリシャスの原木は、アイオワ州ペルー付近にあるジェシ・ハイアットの農園で発見された。その実は甘みと芳醇な香りが特徴で、現在目にするような均一の深紅色ではなく、赤と黄色の濃淡の筋が入っていた。ハイアットスイートとハイアットブラックというリンゴを開発していた農園主のハイアットは、幾度となくそ

レッドデリシャスはアメリカで人気の品種だったが、近年人気が落ちている。

の木を切り倒した。しかし残った根から毎年若枝が伸びてきたため、ハイアットはあきらめて、木が育つにまかせることにした。

1872年に初めて実がなったとき、彼はそのリンゴにほれこみ「ホークアイ」と名付けた。22年後、人気の高いベン・デイヴィスに代わる品種を発掘するためのコンテストに、ハイアットはホークアイをエントリーし、最高賞に選ばれる。選出したのは、ゴールデンデリシャスを商品化した種苗会社、スターク・ブラザーズのクラレンス・M・スタークだ。彼はホークアイを栽培する権利を買い取り、デリシャスと名前を変えて、100万ドル近い投資をして栽培家に売りこんだ。1914年にスタークの後継者がゴールデンデリシャスに出会ってそう名付けたので、本来のデリシャスは改名されてレッドデリシャスになった。

第2次世界大戦開戦の頃には、レッドデリシャスはアメリカ各地で人気になっていた。今日では、風味よりも、アイコン的な外見や丈夫さが理由で栽培されている。品種改良でも広く使われ、ふじ、エンパイア、カメオといった人気の高いリンゴの親木にもなっている。

◉グラニースミス

世界でもっとも一般的な青リンゴは、グラニースミスだ。現在のオーストラリアのシドニー

オーストラリア原産のグラニースミス

北西部、イーストウッド地区が起源である。

1868年、ミセス・マリア・アン・スミスという老婦人《グラニー》が、農園を流れる小川のほとりに若木をみつけた。かつてフランスの野生リンゴを捨てた場所だった。ミセス・スミスは、リンゴに自身の名がつけられ商業的に成功するのを見届けることなく亡くなったが、地元の果樹園主たちはこのリンゴを育て続けた。1891年、オーストラリアで開催された農業展示会では1位に輝き、4年後オーストラリア政府によって輸出にふさわしい品種と認定された。

今日グラニースミスは、南半球の広

ポール・セザンヌ「青リンゴ」(1873年頃)

い地域で栽培されている。輸出用として人気が高いのは、光沢のある果皮としっかりとした食感が理由だ。グラニースミスが世界で高く評価されるのを目にすることはなかったミセス・スミスだが、彼女自身が忘れ去られることはなかった。１９５０年、彼女の自宅近くの土地がグラニー・スミス・メモリアルパークと名付けられ、１９８５年には、その後毎年恒例となるグラニー・スミス・フェスティバルが初めて開催された。

カナダで現在もっとも売れているリンゴはマッキントッシュ［旭］で、当然ながらカナダで発見された品種である。１８１１年、ジョン・マッキントッシュがオンタリオ州ダンデラの農地にまとまって自生しているリンゴの木を発見し、自宅近くに植え替えた。そのうちのひとつがマッキントッシュだ。のちに息子のアランが種苗園をつくり、大規模に宣伝し販売した。

◉変わる栽培技術

こうしたアイコン的な商用のリンゴが開発されると、リンゴ産業のみならず、リンゴの栽培方法も変化する。現在、リンゴ栽培は高度に専門化した大事業で、集中的に管理され、科学的に研究されている。北アメリカやニュージーランド、オーストラリア、ヨーロッパでは、

春に咲くリンゴの花

19世紀半ばから末にかけて、政府援助によるリンゴ専門の実験・研究センターが次々に設立された。アジアもすぐにこれに続いた。

こうした施設は、接ぎ木用の台木の研究から、害虫駆除、果実の貯蔵法、熟成の化学的作用にいたるまで、あらゆる課題に取り組んでいる。栽培家たちも最新の生物科学の研究を取り入れ、アマチュアの育苗家や趣味の果樹園主が行なっていたリンゴの品種改良や評価を専門家の手に委ねた。

1970年代以降、リンゴ栽培家の大半がわい化栽培［丈の低い矮性《わいせい》台木を利用し、木全体を小型に仕立てて栽培する方法］に乗り換えた。標準的な木は実をつけるまで8～10年、もしくはそれ以上かかるのに比べ、わい化栽培のリンゴは5年以内に実をつける。そのため投資が早く回収でき、管理も楽なうえ、土地も有効利用できるのだ（世界の市場を相手にするとき、これらは重要な条件である）。1エーカー（約4000平方メートル）につき標準的な木ならば平均して48本植えるが、わい化栽培ならば（もっとも密集して植えた場合で）1300本にもなる。

また、現在の果樹園は以前ほど古い木で栽培しなくなった。かつては50年ものあいだ収穫していたが、現在は果樹園全体の木が10～15年ごとに入れ替わるので、栽培家は若く健康的な木から利益を得ることができる。また、枝を切り整えて日当たりをよくするといった手入れも、収量を増やすためには欠かせない。

◉殺虫剤

殺虫剤もリンゴ産業を変えた。

19世紀末まで、北アメリカのリンゴ栽培では化学物質は使われてこなかった。のちのち問題になる害虫の大半が、まだアメリカ大陸に渡っていなかったためだ。人々の果物に対する考え方も、殺虫剤使用を思いとどまらせた。当時は虫食いは自然なことなので仕方がないという風潮だった。でこぼこでも、変色していても、小さい穴が開いていても、問題ないと考えて受け入れる人がほとんどだった。19世紀以前の静物画には、明らかに害虫や病気が理由で傷んだとわかる果物が描かれている。

しかし殺虫剤がひとたび果樹園に導入されてしまうと、栽培家はシードル用や自家消費用よりも生食用のリンゴを量産し始める。1870年代、最初のヒ素系殺虫剤パリスグリーン（花緑青《はなろくしょう》）がコドリンガ用に開発された。コドリンガは入植者によってヨーロッパから偶然持ちこまれた害虫だ。1945年には、ヒ酸鉛の殺虫剤が1シーズンで最大7回使用されていた。第2次世界大戦後は、DDTの使用料が増加した。

このリンゴのような害虫被害は、かつては一般的で当たり前と受け止められていた。

やがて残留殺虫剤がもたらす健康被害や環境汚染に関心が集まったため、1970年代には、害虫の発生や成長過程をはじめ、さまざまな病害について理解することに重点を置き、病害虫の駆除を栽培家個人の判断でなく地域全体で集中管理するようになる。こうすることで、過去の事例に従うのではなく、害虫の成長過程に従って作物に薬剤を効果的に噴霧できるようになり、殺虫剤の使用量と頻度が減った。だがリンゴはほかの作物に比べると殺虫剤の使用量がまだまだ多い。安価で傷のないリンゴを求める市場の要求に必死に応えようとした結果である。

◉貯蔵

貯蔵方法の改善も、リンゴ業界の成長にとって重要だった。本来は腐りやすい果実を上手に貯蔵し、輸送することで巨大な利益が生まれるため、19世紀には多くの国がリンゴの長期保存の研究に投資した。その第一歩は、リンゴの成熟の仕組みを解明することだった。

リンゴは生きて呼吸しているので、収穫された直後から劣化が始まる。昨日のリンゴと今日のリンゴは味も香りも違う。これは栽培家の責任だ。完熟したリンゴからはエチレンという化学物質が発生するが、この気体は熟成を促進し、最終的にはリンゴを腐敗させるのであ

木の標識は、この果樹園で育成される数百もの品種を見分けるのに欠かせない。アイオワ州、2009年。

る。しかし、冷蔵保存すればエチレンガスの発生は弱まり、新鮮に保つことができる。実際、リンゴ栽培家は――理屈は知らないが――数世紀にわたってこの方法を続けてきた。冷蔵庫の発明以前は、リンゴを樽に詰め、地中に埋めて保冷するか、地下室に置くのが一般的だった。

やがて科学者が貯蔵時の温度をコントロールすると収穫直後の状態をほぼ維持することができると発見し、大きな進展がもたらされた。19世紀末に冷蔵貨車が、20世紀初頭に冷蔵保存技術が誕生すると、リンゴはかつてないほど長期間鮮度を保ったまま、長距離輸送できるようになった。現在は貯蔵技術が非常に進んだので、専門家はリンゴを科学的に分析し、収穫直後の品質を保ったまま保存できる期間を見きわめることができる。

このように熟成管理をすることによって、未熟なうえに食べ頃も過ぎたリンゴが生まれる結果になったと訴える人も多い。未熟なまま収穫されたリンゴは、果皮は鮮やかだが果肉は水っぽいため、見た目に裏切られるというのだ。しかしスーパーマーケット・チェーンが求めるリンゴは年中同じで、少数の限られた品種のみだ。それを実際に仕入れることができるのは、この管理過程のおかげである。

熟成管理はまた、リンゴの見分け方も変えた。かつては旬ごとに特徴があり、さわやかで軽い味わいの夏のリンゴから、こくがあり香りも強い秋や冬のリンゴまでそろっていたが、今日のリンゴは世界のスーパーマーケットに置いてもらうために季節を問わず歯ざわりのいい甘いものばかりだ。

●伝統的なリンゴの復活

近年、同じ農産物を大量につくることに抵抗を示す消費者が増えたため、伝統的なリンゴを取り戻す努力が始まっている。多くの古い品種が再評価され、果樹園や公園に植えられると同時に、リンゴの歴史に再登場するようになった。アメリカでは、国立公園の約34パーセントに歴史ある果樹園が存在する。

リンゴ自体が秘めるたくましい力も健在だ。ニューイングランドの放置された果樹園や、イギリスの古い小道沿い、そして温暖な地方の草原や耕作限界地には、親木もわからないリンゴの若木が育ち続けている。昔から、こうしたリンゴは食用に適さないものが多かった（豚のエサには最適かもしれないが）。だがときおり、めずらしい美味なるリンゴがみつかることがある。

種苗家が扱うリンゴのリストは長くなり続け、伝統的なリンゴを研究し増やそうとするグループも世界各地で生まれている。地元のマーケットや生産者も、その土地特有の品種を知っ

シード・セイヴァーズ・ヒストリック・オーチャード。2009年。実りの秋を迎えたリンゴの古木。

てもらおうと動きだした。そうした働きかけにより、スーパーマーケットのなかには、仕入れるリンゴの品種を増やしたところもあるようだ。

品種が増加することで、リンゴの未来は過去100年間よりも明るくなりそうだ。シードル、アップルワイン、アップル・ブランデー市場の急速な成長で、辛口で個性が強く、タンニンが豊かなリンゴが望まれるようになったためである。

この新たな市場と、手をかけてつくられる地方の特産品に集まる関心をきっかけに、先祖伝来のリンゴを育てる栽培家が足場を固めることができれば、世界の市場が危機に陥れた数千、数万ものリンゴの品種が戻ってくる日も近いかもしれない。

付録◉完璧なリンゴの選び方

なぜたくさんの種類のリンゴが必要なのだろう？　なぜなら、たくさんの種類の人々がいるからだ……。種類が豊富なこと自体にも利点がある。多様性のおかげでさまざまな出会いがあり、画一的で単調な生活から引き離されるのだ。
――リバティ・ハイド・ベイリー（アメリカの園芸家）『リンゴの木 The Apple Tree』（1922年）

田園地帯から遠く離れて育った人でも、ひんやりした秋の空気や、木々に見え隠れする鮮やかなオレンジ色や赤色の果実に接すると、自分の手で実を摘みたいと思うことだろう。しかしリンゴ狩りの誘惑は、ロマンティックな秋へのあこがれを生むばかりではなく、小規模なリンゴ園の維持やさまざまな品種の栽培も後押しする。

探し甲斐があるのは、個性的なリンゴだ。大半のスーパーマーケットは、世界各地に存在する数千、数万の品種のうち、ほんのひと握りを仕入れているにすぎない。道路脇に並ぶ売店や果樹園の直売所は、地元産の新鮮なリンゴを探すのにうってつけだ。マッキントッシュやレッドデリシャスはスーパーマーケットでもよく見かけるが、木からもぎたてを食べると明らかに味わいが違う。

リンゴには驚くほど多くの品種があり、それぞれ色や大きさ、形、香りが違うので、まだまだ知らない味わいに出会えるかもしれない。たとえば、ロックスベリーラシットは、ざらざらした茶色みがかった果皮がジャガイモそっくりだ。原産地や時代を想起させる華やかな名前の品種もある。ウルフリバー［アメリカの川］、コックス・オレンジ・ピピン［コックス氏のオレンジ色のリンゴ］、グロリアムンディ［栄光の世界］、シーク・ノー・ファーザー［もう探さないで］、ベル・ドゥ・ボスクープ［オランダの地名］、ふじ［日本の品種］、メイド・オブ・ケント［ケントのメイド］……。

リンゴ栽培家は、食べ頃の実を見きわめるコツを知っているが、ひと目で見分けるのはなかなか難しい。だから見た目で判断しないことだ。リンゴの世界では見た目は当てにならない。地味でまだらで形の悪いリンゴが、形もつやもよい色鮮やかなリンゴよりも美味なこともある。

完璧なリンゴを選ぶためには、いくつかの重要な指標がある。リンゴの色はいつでも人を

グスタフ・クリムト「アップル・ツリーI」(1912年)

魅了し、食べたいという気持ちにさせてきた。これは動物や人間をおびき寄せて実を食べさせ、その過程で種をばらまいてもらおうという、昔からリンゴが使ってきた戦略だ。リンゴの色は淡い黄色から紫がかった深紅色まで幅広く、筋や縞模様、斑点との組み合わせも無限にある。北アメリカの品種は非常に色鮮やかなものが多いが、これはまばゆい色合いを求めて品種改良されてきたからでもある。早生《わせ》のリンゴはたいてい枝で充分に色づくが、晩生《おくて》の実の場合は、収穫のときのぼんやりした色が貯蔵中にゆっくりと本来の色になっていく。実が熟れるにつれて、果皮の下地の色は薄くなることが多いが、その上にのる表面の色は鮮やかになったり深みを増したりする。

リンゴは長いあいだ、表面がなめらかで左右対称な形が高く評価されてきた。今日、なめらかな形は輸送用に梱包する際は都合がよい。だがかつてはダイニングテーブルに置いたときに絵になるような、形のおもしろいリンゴが求められた。リンゴの形はおおまかに分類すると、扁平、球状、円錐、楕円に分けられ、それぞれの中間に属する品種も多い。たとえばレッドデリシャスは楕円に分類されるが、ゴールデンデリシャスは球状寄りの円錐から楕円までさまざまである。

今日、大きなサイズは良い生食用リンゴの条件とされているが、かつては必ずしもそうではなかった。昔のリンゴ通は、デザートとして食されていた中粒のリンゴこそ最高の風味を持つと考えていた——肉をたっぷり使ったコース料理のあとでは、デザートを大量に食べたいと思う人はあまりいなかった（あるいは、胃がふくらむようなものは食べられなかったのかもしれない）。そのため大きな果実はあまり歓迎されなかったのだろう。しかし、大きなリンゴを敬遠する傾向はアメリカや日本へは伝わらず、どちらの栽培家も苦心のすえに900グラムもあるリンゴを生み出している。

果皮や果肉の質感も重要だ。リンゴの皮は厚いものもあれば薄いものもある。やわらかいものもあれば固いものもある。ヴィクトリア朝時代の人々は、ボールドウィンのように固いつやのある果皮のリンゴよりも、口に入れると溶けるような皮の薄いリンゴを好んだ。なかには収穫後に皮が油を塗ったようにべたべたになるリンゴもある（ほこりがついて色がぼやけ、触れるのもはばかられるほどだ）。果肉の質感もリンゴの特徴に影響を与える。商用リンゴの栽培家は果汁が多くしゃきしゃきした食感のリンゴを好むが、リンゴの品種は果汁が少なくもろいものからやわらかくクリーミーなものまでさまざまだ。

リンゴの風味は甘みと酸味のバランスで決まる。多くの商用品種は、熟し始めから非常に甘くなるように品種改良されたため早くから収穫できるが、果肉はまだ固いので輸送中に傷むことは少ない。風味のバランスがとれていると、甘みも酸味も強く、リンゴ本来の豊かな味わいになる。酸が多すぎると酸っぱくなるが、少なすぎると味がぼやける。

グスタフ・クールベ「リンゴのある静物」（1871〜12年）

ゴールドラッシュは酸味が強いので、甘みもあるのに口をすぼめる人も多いようだ。一方ふじは、甘みが強く酸味が少ない品種で、収穫から1か月たつとその特徴がさらに際立つ。評価の高い品種には、エーテル、アルデヒド、エステル、酢酸エステルといった揮発性物質が含まれ、リンゴをかじった瞬間にそれらが空気中に広がる。こういった成分が糖や酸と結びつき、その品種特有の香りを生むのだ。レッドデリシャスとゴールデンデリシャスだけで200種類近い揮発性物質が特定されている。

リンゴの風味や大きさ、見た目を左右する要素は数多くあるが、なかでも影響が大きいのは天候だろう。多くの品種は甘みや香り、深い味わいをつくりあげるために、暑い夏と長い秋が必要だ。寒さや雨はどの品種にとっても望ましくない。土壌や栽培地、木の樹齢も味わいに影響するので、同じ品種でも栽培地や収穫年によって味わいが異なる。熟す季節も違いを生むようだ。夏のリンゴは軽くしゃきしゃきしているが、晩秋から初冬にかけて熟したリンゴは濃く複雑な味わいで、皮は赤茶色や褐色に近いこともある。

こうした条件がリンゴの魅力を決定するが、もっとも重要なのは熟度だ。どんなに美味なリンゴでも、収穫時期を誤ると期待はできない。摘むのが早すぎると固いうえに酸味が強く、デンプン質が多い。反対に収穫期が遅すぎると、やわらかすぎてぼんやりした味になる。冷蔵技術と輸送手段の発達のおかげで、現在は季節を問わず一年中手に入る品種もあるが、そのため果物は特定の季節に、特定の産地で収穫されるものだということが忘れ去られた。どの果物にも、味と鮮度が頂点に達する旬があるのだ。

しかし結局のところ、最高のリンゴは個人の好みで決まると言えそうだ。ここでは、農家の直売所や果樹園でときおりみつかる品種を紹介しよう。原産地、食べ方、特徴を添えているが、説明は一般的な手引きと考えてほしい。良いワインの手引きと同じように、リンゴの質は栽培条件や出荷状況、栽培年に左右される。

アンブリ（インド） カシミール地方原産のアンブリは、中粒で、真っ赤な色としゃきしゃきとした歯ざわり、甘い果肉が特徴で、非常に美味である。

アントノフカ（ロシア） 1888年にロシアの植物改良家、イヴァン・ヴラジーミロヴィッチ・ミチューリンが生み出した耐寒性の高い品種。大きな青リンゴで、熟すと皮が黄色くなる。「庶民のリンゴ」の異名を取るほど、東ヨーロッパでは人気が高い。厳しく長い冬にも耐える力がある。アントノフカは酸味が強いのでアップルワインづくりに適している。

ベル・ドゥ・ボスクープ（フランス、オランダ、ベルギー） 1856年、オランダのボスクープで発見された。中粒から大粒で、形は楕円形、暗赤色の下地に緑がかった黄色の筋が乗る。しゃきしゃきとした食感で、酸味と香りが強く、貯蔵中に甘みが増す。焼いても形が崩れにくい。

ボールドウィン（アメリカ）　マサチューセッツ州で1740年頃につくられたボールドウィンは、最初の実がなるまでおよそ10年と、大半の木よりも長くかかる。この大きなリンゴは、果皮は赤く黄色い筋が入り、果肉はしっかりと引き締まり、かすかに酸味がある。生食はもちろん調理にも使える、用途の広いリンゴである。

ベン・デイヴィス（アメリカ）　19世紀のテネシー、ケンタッキー、メイン、ヴァージニアいずれかの州の栽培家がつくったとされるベン・デイヴィスは、黄色の果皮に鮮やかな赤い縞模様や斑点がある。黄色みがかった果肉は香り高く果汁も多いが、きめは粗い。ソースに適している。

コートランド（アメリカ）　ベン・デイヴィスとマッキントッシュ［旭］の交配種。コートランドはニューヨーク農業試験場で開発され、1915年に一般市場に出された。赤と緑のストライプのリンゴで、歯ごたえがあり果汁が多い果肉は褐色に変色しにくいため、サラダやフルーツカップに向いている。

コックス・オレンジ・ピピン（イギリス）　１８３０年頃、イギリスのバッキンガム州（当時）スラウのリチャード・コックスが育てた種から生まれた。甘く、香り高く、皮は黄色でオレンジと赤の斑点がある。果肉はしゃきしゃきとやわらかく、果汁が多い。デザートやシードルづくりに最適である。

エンパイア（アメリカ）　レッドデリシャスとマッキントッシュ［旭］の交配種。ニューヨーク農業試験場で育成され１９６６年に商業生産が始まった。ほとんどがアメリカ北東部や中西部で栽培される。実は中粒で、赤色と黄色が混じり合う（赤一色のものもある）。甘く香りが強く、生食に適している。

エソパス・スピッツェンバーグ（アメリカ）　ニューヨーク州アルスター郡で、少なくとも１７９０年から知られている品種。黄色の地に鮮やかな赤色の筋が入り、黄色い果肉は固くしゃきしゃきした食感である。甘く風味に富み、パイづくりに最適だ。一説によると、セロリやリンゴ、クルミをマヨネーズであえたウォルドーフサラダはこのリンゴがきっかけで発案されたらしい。アメリカの第3代大統領、トマス・ジェファーソンお気に入りのリンゴとも言われている。

ふじ（日本）　1939年にアメリカのリンゴ、ラルス・ジュネ（ロールズジャネット［国光］）とレッドデリシャスを交配してつくられた日本のリンゴ。皮は黄色みがかった緑色に、オレンジ色に近い赤やピンク色がのる。果肉はしゃきしゃきとして甘く、貯蔵中に甘みが増す。

ジンジャーゴールド（アメリカ）　1960年代にヴァージニア州の果樹園で偶然若木が発見された。当初はハーヴェイリシャスと呼ばれた。ジンジャーゴールドは緑がかった金色の果皮に、酸味のある強い香りと甘い後口が特徴で、生食にも料理にも適している。

グラヴェンシュタイン（デンマーク、ドイツ）　デンマークあるいはドイツ原産のグラヴェンシュタインは、緑がかった黄色の果皮に赤と黄色の筋が入る。果汁が多くしゃきしゃきした歯ざわりで、料理用として非常に評価されている。

アイダレッド（アメリカ）　アイダホ州でジョナサン〔紅玉〕とワグナーを交配してつくられた。鮮やかな赤い果皮に、乳白色の果肉、ほどよい酸味を持つ。生食でも美味だが、固い果肉はケーキやパイ等にも向いている。数か月貯蔵すると味がよくなる。

ジョナサン〔紅玉〕（アメリカ）　1826年にニューヨークの農場で発見され、リック・アップルと呼ばれていた。中粒で、果皮は赤と黄色、果肉はしゃきしゃきとして、やわらかな酸味で後口に香りが残る。形が崩れないので、料理用に重宝される。

金星《きんせい》（日本）　日本でゴールデンデリシャスとラルス・ジュネ〔国光〕の掛け合わせで開発された。大きな黄色い実は甘く、しっかりしているので、料理にも生食にも適している。

ルブスク・クイーン（ロシア）　1880年にロシアで誕生した。ピンクや赤のまだらが入った白い果皮が印象的だ。果肉は真っ白で固く、ぴりっとした酸味がある。

陸奥《むつ》（日本）　日本でつくられた陸奥は、黄色みがかった緑色で、親であるゴールデンデリシャスよりも果汁が多く果肉はきめが粗い。生食に最適である。日本以外ではクリスピンと呼ばれることがある。

ノーザン・スパイ（アメリカ）　1800年頃ニューヨークで発見された大きく甘いリンゴ。黄色みがかった緑色に赤い縞模様が入る。果肉はやわらかくしっとりしているが歯ざわりがよく、香りも強い。生食でも、パイにしてもよい。

ロームビューティ（アメリカ）　オハイオ州ロームでジョエル・ジレットが偶然若木を発見した。果皮は深紅で美しく、キッチンでも頼りになると評判だ。調理しても形が崩れず、豊かな香りがする。

ステイマン（アメリカ）　1866年にカンザス州でワインサップという品種の種からつくられた。中粒の赤色または、青リンゴに赤い筋が入った果皮で、ほんのり紫色がかっている。甘みと酸味が強く果汁に富み、調理しても果肉が崩れない。どんな用途にも使える。

最後にひと言。リンゴを選ぶときは、冒険することをお勧めする。リンゴの味は多種多様で、イチゴやナッツ、ハチミツのような味わいのものもある。だからたとえ好みではないと思っても、ためしにひと口食べてみれば、新しいお気に入りに出会えるだろう。

謝辞

ひとつのテーマがこれほど素早く日々の暮らしに浸透するとは、驚くばかりだ。わたしは、自分が学んだことを秘密にしておけない性格なので、わたしの周囲の人たちも同じくリンゴ漬けの日々になった。だから、わたしの話を聞いてくれた、少なくとも興味があるふりをしてくれた多くの友人や同僚、そして両親に感謝したい。当時、リンゴ狩りにつきあってくれたナターシャ、ニコール、チャーリーの猛者たちには、ひときわ深い感謝を。

アンドルー・F・スミスとリアクション・ブックスには、The Edible Series シリーズに寄稿する機会を与えてくれたことにお礼を言いたい。シード・セイヴァーズのおかげで、伝統あるリンゴ園ですばらしい午後を過ごすことができた。地元の産直マーケットでは、数え切れないほどの栽培家の方々に山ほどの質問をぶつけた。本書に誤記があった場合、その責はすべて著者が負う。本書があるのは、過去リンゴについて書き記し、リンゴを育て、リンゴの知識を育んできた人々のおかげである。

最後に、マットに感謝したい。マットもこの本とともに生き、率先して数時間も運転して、旬を過ぎたリンゴを文句も言わずに食べてくれた。彼の支えと励ましがなければ、書きあげることはできなかっただろう。

訳者あとがき

みなさんはリンゴはお好きだろうか？　赤や緑のつややかな果皮、ちょうどよく手におさまる絶妙な大きさと形、そして甘みと酸味のバランスがかもしだすさわやかな風味と、さくさくとした歯ざわり。比較的手頃なお値段ということもあって、スーパーマーケットに並んでいるのが目に入ると、つい手に取りたくなるという方も多いだろう。お弁当のうさぎリンゴ、風邪をひいたときのおろしリンゴ、おやつで食べるアップルパイに焼きリンゴ。リンゴにまつわる思い出が、誰しもひとつはあるのではないだろうか。日本人にとって、リンゴはとても身近な果物と言えそうだ。

アメリカでも、リンゴは人々の暮らしにすっかり溶けこんでいるので、リンゴの原産地はアメリカだと思われているらしい。そんなふうに、自分の国こそリンゴのふるさとだと思いこむほどリンゴが大好きな人々が、世界中に（もしかしたら日本にも）大勢いたとしても、不思議ではない。

だが本書に書かれているように、リンゴの原産地は現在のカザフスタンであるというのが定説となっている。首都のアルマトイは「リンゴの父」とも呼ばれる町で、歩道の割れ目からリンゴの若木が育つという。そんなカザフスタンの山中で、人知れずたわわに実をつけていた野生のリンゴが世界各地に広まり、いまでは温帯地方のほとんどで栽培されているというのだから驚きだ。

リンゴが太古の昔から愛されてきたことは、多くの神話や民間伝承に登場することからもよくわかる。人々はさまざまな味わいのリンゴを求めて、新しい品種を生み出した。その結果、現在は世界各地に1万以上もの品種があるらしい。わたしたちが普段スーパーマーケットで目にしているリンゴはそのごく一部で、産地の果樹園まで出向かなければ買えない品種も数多い。収穫した実を都市部へ輸送して、多くの消費者に受け入れてもらうためには、味のほかに形や日持ちのよさも考慮しなければならないからだ。産地でしか手に入らない品種があるというのは、不便なようでじつはおもしろいことではないだろうか。本書の著者、エリカ・ジャニクも、忘れられないリンゴと出会ったのは故郷から3000キロ以上も離れた土地だったと語っている。

このように身近であるがゆえに、ときに目新しさに欠けるようにも思えるリンゴだが、不遇の時代もあったと聞けば、リンゴに対する考え方が変わるかもしれない。本書は、リンゴが人々に親しまれてきた歴史ばかりではなく、衛生上の理由からリンゴの生食が禁じられていた中世ヨーロッパの時代や、リンゴからつくるアルコール飲料「シードル」に悪魔の飲み物というレッテルが貼られたアメリカ禁酒法時代にも触れている。いまでは当たり前のことが当たり前ではなかった時世に思いを馳せれば、いつものリンゴもどこか違う味わいに感じられることだろう。この先、リンゴを取り巻く環境や社会が変化したとしても、リンゴを食する楽しみが失われないことを願うばかりだ。

本書『リンゴの歴史』(*Apple : A Global History*) は、イギリスの Reaktion Books が刊行している The Edible Series の一冊である。このシリーズは２０１０年、料理とワインにかんする良書を選定するアンドレ・シモン賞の特別賞を受賞した。

最後に、翻訳にあたって原書房の中村剛さん、オフィス・スズキの鈴木由紀子さんに多大な助言をいただいた。この場をお借りしてお礼申し上げます。

２０１５年10月

甲斐理恵子

写真ならびに図版への謝辞

図版の提供と掲載を許可してくれた関係者にお礼を申し上げる。

Author's collection: pp. 129上下；Bodleian Library, University of Oxford: pp. 29, 66; © The Trustees of the British Museum, London: pp. 20, 39, 45, 48, 59, 82, 85; The Cleveland Museum of Art, Cleveland, Ohio, USA: pp. 14 (Bequest of Leonard C. Hanna, Jr. 1958. 47), 69 (Bequest of Ralph King. 1926. 485); The John C. and Susan L. Huntingdon Archive of Buddhist and Related Art, Cleveland, Ohio, USA: p. 126; Istockphoto: p. 6 (Gustavo Andrade); Matthew Jensen, 2009: pp. 142, 144, 147; Library of Congress, Washington DC, USA: pp. 35, 87, 90, 93, 109, 114; Musée d'Orsay: p. 137; Illuminated Manuscript Collection, Princeton University, USA: p. 41下；Stock Xchng: pp. 12 (Patrick Hajzler), 95 (Naneki), 118-119 (Rogojel), 122 (Amy J. Pollock), 133 (Rachel Kirk), 134 (Brandon W. Mosley), 136 (Robert Mitchie), 140 (Rai Varpunen); S. M. Amin/Saudi Aramco World/SAWDIA: p. 46; William Tracy/Saudi Aramco World/SAWDIA: p. 22; Terra Foundation for American Art, Chicago, Illinois, USA: p. 75; University of California, San Diego, USA: pp. 8, 63, 67; University of North Dakota Cass County Extension: p. 18; us Library of Medicine, Bethesda, MD, USA: p. 111; The Victoria and Albert Museum, London: pp. 26, 43, 80, 106; Werner Forman Archive: pp. 46 (Courtesy of Bruce McAlpine, London), 54 (Palazzo dei Conservatori, Rome).

参考文献

Barboza, David, 'Export Apple of China's Eye Is, er, Apples', *New York Times* (2 April 2003)

Bailey, Liberty Hyde, ed., *The Standard Cyclopedia of Horticulture: A Discussion for the Amateur, and the Professional and Commercial Grower, of the Kinds, Characteristics and Methods of Cultivation of the Species of Plants Grown in the Regions of the United States and Canada for Ornament, for Fancy, for Fruit and for Vegetables; with Keys to the Natural Families and Genera, Descriptions of the Horticultural Capabilities of the States and Provinces and Dependent Islands, and Sketches of Eminent Horticulturists* (New York, 1915)

Browning, Frank, *Apples* (New York, 1998)

Correnty, Paul, *The Art of Cidermaking* (Boulder, CO, 1995)

Davidson, Hilda, *Myths and Symbols in Pagan Europe: Early Scandinavian and Celtic Religions* (Syracuse, NY, 1988)

Delumeau, Jean, *History of Paradise: The Garden of Eden in Myth and Tradition*, trans. Matthew O'Connell (London, 1995)

Deng, Xiuxin, 'Fruit Production and Export of China', United Nations Asian and Pacific Centre for Agricultural Engineering and Machinery (Beijing, 2006)

Edge, John T., *Apple Pie: An American Story* (New York, 2004)

Hedrick, U. P., *A History of Horticulture in America* (Portland, or, 1988)

Heng, Zhai, Guo Ling, Yao Yuxin and Shu Huairui, 'Review of the Chinese Apple Industry', *Acta Horticulturae*, DCCLXXII, International Horticulture Congress

Janson, H. Frederic, *Pomona's Harvest: An Illustrated Chronicle of Antiquarian Fruit Literature* (Portland, or, 1996)

Juniper, Barrie Edward, *The Story of the Apple* (Portland, or, 2006)

Kim, Jihyun, 'South Korea Apple Case: The Impact of WTO's Trade Liberalization on South Korea's Apple Market', *TED Case Studies*, no. 670 (2003)

Lynd, Mitch, 'Great Moments in Apple History', Midwest Apple Improvement Association, at www.hort.purdue.edu/newcrop/maia/history.html (accessed September 2010)

Macoun, W. T., 'Apple Breeding in Canada', *Journal of Heredity*, 8 (1912), pp. 479-87

Martin, Alice A., *All About Apples* (New York, 1976)

Mitham, Peter J., 'Fruit "for the Cold North": Canada's Russian Apple Trials, 1888-1908', in *Canadian Environments: Essays in Culture, Politics and History*, ed. Robert C. Thomsen and Nannette Hale (Montreal, 2005)

Moore, James N., *Fruit Breeding* (New York, 1996)

Morgan, Joan, and Alison Richards, *The Book of Apples* (London, 1993)

O'Rourke, Andrew Desmond, ed., *Understanding the Japanese Food and Agrimarket: A Multifaceted Opportunity* (Binghamton, NY, 1994)

Oraguzie, N. C., J. Soejima, T. Fukusawa-Akada, K. Kudo, H. Komatsu and N. Kotoda, 'Apple Breeding Progress in Japan', *Acta Horticulturae* (ISHS), DCXXII, pp. 583-590, at www.actahort.org/books/622/622_62.htm (accessed September 2010)

Orton, Vrest, *The American Cider Book* (New York, 1995)

Patent, Greg, *A is for Apple: More than 200 Recipes for Eating, Munching, and Cooking with America's Favorite Fruit* (New York, 1999)

Pirog, Rich, and John Tyndall, 'Comparing Apples to Apples: An Iowa perspective on Apples and Local Food Systems', *Apple Journal*, at www.applejournal.com/art001a.htm (accessed April 2010)

Pollan, Michael, 'Breaking Ground: The Call of the Wild Apple', *New York Times* (5 November 1998)

——, *The Botany of Desire: A Plant's-Eye View of the World* (New York, 2001) [マイケル・ポーラン『欲望の植物誌：人をあやつる4つの植物』西田佐知子訳，八坂書房，2003年刊]

Price, Robert, *Johnny Appleseed, Man and Myth* (Gloucester, MA, 1967)

Proux, Annie, and Lew Nichols, *Cider: Making, Using and Enjoying Sweet and Hard Cider* (North Adams, MA, 2003)

Thoreau, Henry David, 'Wild Apples', in *The Natural History Essays*, intro. and notes by Robert Satelmeyer (Salt Lake City, UT, 1980)

Minnesota Landscape Arboretum, 'Fruit Breeding', University of Minnesota, at www.arboretum.umn.edu/fruitbreeding.aspx (accessed September 2010)

Watson, Ben, *Cider, Hard and Sweet: History, Traditions and Making Your Own*, 2nd edn (Woodstock, VT, 2008)

Weber, Bruce, *The Apple in America: The Apple in 19th Century American Art* (New York, 1993)

Williams, R. R., *Cider and Juice Apples* (Bristol, 1988)

Wynne, Peter, *Apples: History, Folklore, Horticulture and Gastronomy* (New York, 1975)
Yepson, Roger, *Apples* (New York, 1994)
Zai-Long, Li, 'Deciduous Fruit Production in China', FAO: Regional Office for Asia and the Pacific (March 1999)

レシピ集

リンゴは数千年ものあいだ，世界中の食卓を飾ってきた。スイスアルプスの石器時代の遺跡で発見された最古のリンゴの芯は，30万年前のものと考えられている。北欧神話の神々は，リンゴを食べて永遠の命を維持した。ペルシア人は，紀元前6世紀にデザートにリンゴを食べていた。

古代ローマ時代の美食家アピキウスは，太古の昔から伝わる調理法を『アピキウスの料理書』にまとめた。そのなかで豚肉とともにリンゴを調理し，コリアンダーとリクアメン（ローマ時代のフィッシュソース），ハチミツを加えたレシピをメインディッシュとして紹介している。だが大半のローマ人は食事の最後にリンゴを食べることを好んだ。リンゴの消化を促進する働きと催淫作用に期待したためだ。

北ヨーロッパと東ヨーロッパ，南米，トルコ，イラン，モロッコでは，リンゴは肉と組み合わされることが多い。リンゴの酸が肉をやわらかくするので，焼いた豚肉とリンゴを合わせる料理は，ほぼ万国共通だ。ただしイスラム教の国々は例外で，豚肉の代わりにラム肉を使う。モロッコでは，肉や野菜，スパイスの入ったタジンという煮込み料理に，ドライフルーツや生のリンゴを加える。ソーセージとリンゴの組み合わせもアメリカ南部や中央ヨーロッパ，スカンジナビア地方では一般的だ。

アメリカ，フランス，イギリスの特徴と言えば，リンゴを使ったデザートだろう。フランスでは上皮のないタルトが，イギリスやアメリカではリンゴの塊が入ったしっかりしたパイが人気だ。1590年，イギリスの劇作家にして詩人のロバート・グリーンは，「あなたの吐息はアップルパイからたちのぼる湯気のようだ」というのが美しいご婦人への最高の賛辞だと述べた。

アップルパイをアメリカにもたらした手柄はイギリス人のものだが，アメリカでは自分たち好みに根本からアレンジした。「アップルパイのようにアメリカ的」という言い回しがあるのも納得できる。初期のアメリカのパイは，入植者たち同様にたくましく，皿がわりの硬く厚いパイ生地でリンゴを包んでいた。

アメリカ初の料理書であるアメリア・シモンズの『アメリカの料理 *American Cookery*』（1796年）には，アップルパイのつくり方が2通り掲載されている。生のリンゴのスライスではなく煮込んでシチューのようにしたリンゴを使うマルボロ・プディングというパイのつくり方も紹介されている。

油で揚げるフリッター，小麦粉でつくった皮で包むダンプリング，クラッカーなどと混ぜて焼くクリスプ，おなじみのパンケーキ，ビスケット生地をかぶせて焼くグラ

ント，深皿で焼くパイによく似たコブラー，アップルパイに糖蜜をかけたパンダウディー，リンゴの砂糖煮にビスケット生地を載せて焼くスランプ等も，北アメリカやイギリス，ヨーロッパで人気のリンゴの菓子だ。

リンゴはメキシコや中米でも人気で，晩夏から初秋にかけて，市場やバザー，宗教行事でもよく見かける。リンゴは生で食すのはもちろん，サラダに入れたり，ゼリーやジャム，リンゴリキュールにして保存することもできる。メキシコでは，リンゴとニンジンで濃厚な飲み物をつくる土地もあるようだ。朝食として玉子といっしょにソテーされることもある。

シードルも料理の材料として浸透し，シチューやスープのベースとして使われたり，肉や野菜，豆類の蒸し煮に使われたりする。スペインやフランス，ケベック，ニューイングランド，南米では，数え切れないほどのシードル料理が日常的に食卓にのぼっている。

◉アルゼンチン風ビーツと青リンゴのサラダ

南米では，リンゴはサラダによく使われる。

中くらいのサイズのビーツ…3〜4個
グラニースミス…1個
オリーブオイル…120*ml*
レモン…1個
塩…適量

1. ビーツの皮をむき，竹串がすっと通るまでやわらかくゆで，ひとくち大（2*cm* 角）に切る。
2. リンゴは芯をくり抜き，ひとくち大に切る。
3. リンゴとビーツをボウルに入れる。
4. オリーブオイルであえて，レモン汁をしぼってよく混ぜる。
5. 冷蔵庫で冷やしてから，または常温で供する。

…………………………………………………

◉リンゴと梨とクルミのハローセト

ハローセトとは，果物やナッツ，ハチミツを混ぜた料理で，ユダヤ人がエジプトを脱出したことを記念するセデルという祝祭で供される6種の料理のひとつである。

古代イスラエル民族はエジプトで奴隷にされ，モルタル（レンガ）づくりに従事させられた。そのモルタルをイメージしてつくられたと言われるのがハローセトだ。

レシピは国によってさまざまだが，リンゴは必ず使われる。肉料理と相性がいい。

クルミ…225*g*
グラニースミス…1個
梨…1個
甘口パスオーバー（祈禱用）ワイン（リンゴ，オレンジ，ブドウの果汁でも可）…大さじ3
ハチミツ…小さじ1
細かくおろしたオレンジの皮…小さじ

1
シナモン…小さじ¾
きざんだミントの葉…適量

1. リンゴと梨は皮をむいて芯をくり抜き，6mm角に切る。
2. クルミをきざみ，中くらいの大きさのボウルに入れる。
3. そこにリンゴ，梨，ワイン，ハチミツ，オレンジの皮，シナモンを加えてよく混ぜる。
4. お好みでハチミツを足す。

……………………………………………

◉アップル・モイーズ

アップル・モイーズは昔のイギリスのデザートで，どれひとつとして同じレシピはない。基本はチューダー朝時代のアップル・ソースと同じである。

リンゴ…700g
水…240ml
卵黄…2個
砂糖…大さじ2
バター…大さじ2
おろしショウガ…ひとつまみ
シナモン…ひとつまみ

1. リンゴは皮をむいて芯をくり抜き，2cmの厚さに切る。
2. 厚手の鍋にリンゴと水を入れ，中火でやわらかくなるまで煮る。
3. 2のリンゴをミキサー（または裏ごし器）でピューレ状にする。
4. 鍋に戻し，卵黄，砂糖，バターを加えて中火で加熱し，沸騰するまでよく混ぜる。
5. 器に注いで冷まし，おろしショウガとシナモンをかける。

……………………………………………

◉リンゴ入りポークシチュー（フリカッセ・ア・ラ・マティウス）

西暦1世紀のローマの美食家，アピキウス作とされる『アピキウスの料理書』には，最古のリンゴ料理が載っている。レシピには，カエサルの友人で家政学の本を著したマティウスの名がつけられた。この料理で使うリンゴにもマティウスの名がついている。

1. 鍋にオイル，リクアメン，スープストックを入れる。
2. 1に食べやすい大きさに切ったリーキ，コリアンダー，小さくまとめたミートボールを加える。
3. 皮がかりかりになるまで焼いた豚の肩肉をサイコロ状に切る。
4. 3を鍋に加えて加熱する。
5. 材料に半分ほど火が通ったら，芯を取って皮をむいたマティウス・アップルを加える。
6. コショウ，ミント，クミン，コリアンダー（またはコリアンダーシード），アサフェティダ（アギ）の根を合わせてすりつぶしておく。
7. 鍋にビネガー，ハチミツ，リクアメン，ブドウ液，スープを足す。
8. 沸騰したら，崩したペストリーを入

れてとろみをつけ，6をふりかける。

………………………………………………

◉ワッセル

リンゴの木に感謝し，来るべき春を祝い邪悪な存在を払いのける伝統的な飲料。ワッセルの名は古代スカンジナビア語で「すこやかさ」を意味する「ves heil」に由来する。レシピは多数存在し，ビール，ワイン，シードルをベースにすることもできる。このレシピはチューダー朝時代の調理法に基づいている。

（10人分）
リンゴ…小粒のもの10個
ブラウンシュガー…小さじ10
ドライシェリー（またはドライマデイラ酒）…2瓶
粉末ナツメグ…小さじ½
粉末ショウガ…小さじ1
クローブ…3粒
オールスパイス…3粒
スティックシナモン…1本
粉砂糖…200*g*
水…120*ml*
玉子…6個（卵黄と卵白に分ける）
ブランデー…240*ml*

1. オーブンを175℃で予熱する。
2. リンゴの芯をくり抜き，そこにブラウンシュガー小さじ1を詰める。
3. リンゴを耐熱皿に載せ，皿に水（分量外）を3*mm*の深さまで注ぐ。
4. オーブンで30分，リンゴがやわらかくなるまで焼く。
5. 大きな厚手のシチュー鍋にシェリー（またはドライマデイラ酒），ナツメグ，ショウガ，クローブ，オールスパイス，シナモン，粉砂糖，水を入れ，沸騰しないように加熱し，とろ火で温めておく。
6. 卵黄を，空気を含んでレモン色になるまで泡立てる。
7. 卵白を硬く泡立て，卵黄に混ぜ入れる。
8. 5を漉して，7に少しずつ注ぎながら混ぜる。
9. ブランデーを加える。
10. 金属製のパンチボウルに注ぎ，4のリンゴを浮かべる。

………………………………………………

◉ウォルドーフサラダ

1896年，ニューヨークのウォルドーフ・アストリア・ホテル支配人，オスカー・チルキーによって考案されたこのシンプルなリンゴサラダは，たちまち評判になった。ここで紹介するレシピは，1896年のチルキーの料理本どおりで，リンゴとセロリとマヨネーズのみでつくり，今日加えられることが多いブドウやナッツは入れない。

リンゴ…3個
セロリ…100*g*
マヨネーズ…80*ml*

1. リンゴは2センチ角に切る。
2. セロリは食べやすい大きさに切る。
3. リンゴとセロリを中くらいの大きさ

のボウルに入れる。
4. マヨネーズを加え，まんべんなく混ぜる。
5. すぐに，あるいはひと晩冷やしてから供する。

◉レッドキャベツ，リンゴ，ソーセージの蒸し煮

ドイツでは，豊富なリンゴとソーセージがキャベツといっしょに供されることが多い。

溶かしたベーコンの脂…大さじ4
砂糖…大さじ2
タマネギ（ざく切り）…小1個
レッドキャベツ（千切り）…600*g*
酸味の強いリンゴ（ジョナサン等）（芯を取り，皮はむかずに薄くスライスしておく）…2個
シードル・ビネガー…大さじ2
キャラウェーシード…小さじ½
ドイツあるいはポーランドの鎖状スモークソーセージまたはブラットブルスト…450〜700*g*
新ジャガイモ…450*g*
塩，挽きたての黒コショウ…各少々
ビール…240*ml*

1. 大きめのフライパンにベーコンの脂を入れ，中火にかける。
2. 砂糖を加え，茶色くなるまでよく混ぜながら熱する（約4分）。
3. 弱火にしてタマネギを加え，透きとおるまで炒める（約5分）。
4. キャベツ，リンゴ，ビネガー，キャラウェイシードを加え，よく混ぜる。
5. 4の上につながったソーセージとジャガイモを載せ，塩コショウで味を調える。
6. ソーセージ，ジャガイモ，キャベツの上からビールを注ぎ，中火で沸騰させる。
7. 沸騰したら火を弱め，蓋をして45分ほど煮る。
8. 味をみて塩，コショウを足し，熱いうちに供する。

◉リンゴと玉子のメキシコ風ソテー（フエボス・ザカトランテコス）

メキシコ中南部のプエブラ州ザカトランで8月初旬に開かれる人気のリンゴ祭りでは，地元のリンゴの季節が始まることを祝う。この地域のリンゴの季節に人気の朝食である。

（4人分）
玉子…6個
パセリ（みじん切り）…小さじ2
塩，コショウ…少々
バター…大さじ4
リンゴ…大きめのもの1個

1. リンゴは皮をむかずに芯をくり抜き，三日月形にスライスする。
2. 玉子にパセリ，塩，コショウを加えて泡立てる。
3. フライパンにバターを溶かし，リンゴを少し歯ごたえが残る程度まで炒め

る。
4. リンゴを2の玉子に入れる。
5. 4をフライパンに流し入れて片面を焼き，縁が固まったら慎重に裏返して両面を焼く。もしくは，オーブンできつね色になるまで焼く。
6. くし形に切り分け，熱いうちにいただく。

……………………………………………

◉アップルパイ

パイのフィリング（中身）はリンゴが好きだというアメリカ人は，3600万人以上いるそうだ。ならばアップルパイには3600万種類のレシピがあるかもしれない。これは著者が幼い頃ベビーシッターがつくってくれたレシピで，著者が初めて食べたパイである。

[パイ生地用（底と上皮の2枚分）]
小麦粉…240*g*
塩…小さじ1½
冷水…80*ml*
ショートニング（脂肪）…140*g*
バター…60*g*

[フィリング用]
リンゴ…12個
グラニュー糖…65*g*
シナモン…小さじ½
ナツメグ…小さじ⅛
クローブ（粉末）…小さじ⅛
レモン汁…大さじ1
溶かしバター…大さじ6
ブラウンシュガー…65*g*
コーンスターチまたはコーンフラワー…大さじ山盛り1

1. 生地をつくる。小麦粉と塩を混ぜ，ショートニングを加えて，エンドウ豆くらいの粒子になるまでへらですり混ぜる。
2. 水を加え，こねないようにフォークで軽く切るように混ぜる。
3. 生地を丸くまとめ，冷蔵庫で2時間～ひと晩寝かせる。
4. フィリングをつくる。オーブンを190℃で予熱する。リンゴは皮をむいて芯をくり抜き，さいの目に切る。
5. ボウルにリンゴ，砂糖，シナモン，ナツメグ，クローブ，レモン汁，バターを入れて混ぜる。
6. 耐熱皿に6のリンゴを入れ，蓋をしてオーブンで40分焼く。
7. リンゴから出た果汁を小ぶりの鍋に移し，果肉と分ける。
8. リンゴ果汁の鍋にブラウンシュガーとコーンスターチを加え，強火で混ぜながら沸騰させる。
9. 鍋を火からおろし，分けておいた果肉と合わせて混ぜる。
10. オーブンを230℃で予熱する。
11. 冷蔵庫からパイ生地を出し，2等分して丸く平らに伸ばす。
12. 1枚をパイ皿に敷く。
13. リンゴのフィリングをパイ生地の上に敷き，その上にもう1枚の生地をかぶせる。

14. 生地の縁にひだを寄せてしっかり合わせ，フォークで全体に穴を開けて空気の出口をつくる。
15. オーブンで15分焼く。
16. その後，温度を170℃に下げ，35分（または表面がきつね色になるまで）焼く。
17. 冷ましてから供する。

……………………………………………

◉チョリソの蒸し煮

スペインでは，数百年前からシードルをつくってきた。このレシピは，伝統的なスペインのソーセージであるチョリソとシードルを合わせている。

セミドライチョリソ…55*g*
オリーブオイル…大さじ2
ハードシードル…700*ml*

1. チョリソの片面に深さ1*cm*の切りこみを4本入れる。
2. 中くらいのフライパンでオリーブオイルを温める。
3. チョリソを入れ，ときどき返しながら，中火で軽く焦げ目がつくまで5分ほど焼く。
4. シードルを注ぎ，強火で沸騰させる。
5. 沸騰したら中火にして，チョリソがやわらかくなり，煮汁が160*ml*になるまで煮詰める（約30分）。
6. 浅めの皿に盛りつけて，厚切りのパンとともにいただく。

……………………………………………

◉アプフェルシュトゥルーデル

オーストラリアとドイツの伝統的な焼き菓子。非常に人気が高いので，ウィーンのシェーンブルン宮殿の王宮パン工房では，工房見学後にアプフェルシュトゥルーデルが食べられる「アプフェルシュトゥルーデル・ショー」を開催しているほどだ。

シュトゥルーデルのフィリングは多種多様だが，もっとも有名で人気があるのはリンゴである。このレシピは，リック・ロジャーズ著『カフェハウス：ウィーン，ブダペスト，プラハの伝統的カフェの魅力的なデザート *Kaffeehaus : Exquisite Desserts from the Classic Cafes of Vienna, Budapest, and Prague*』のレシピに手を加えた。

[フィリング]
ゴールデン・ラム…大さじ2
レーズン…大さじ3
シナモン…小さじ¼
砂糖…70*g*
無塩バター…120*g*
生パン粉…90*g*
クルミ（粗くきざむ）…75*g*
酸味のある調理用リンゴ…900*g*

[生地]
無漂白小麦粉…160*g*
塩…小さじ⅛
水…大さじ7（適宜足す）
植物油…大さじ2
塗布用植物油…適宜
シードル・ビネガー…小さじ½

1. オーブンを200℃に温めておく。リンゴは皮をむき，芯をくり抜いて，厚さ5*mm*に切る。
2. 天板に紙を敷く。
3. ボウルにラムとレーズンを入れる。
4. 別のボウルにシナモンと砂糖を入れる。
5. 大きめのフライパンにバター大さじ3を入れ，中火で溶かす。
6. そこにパン粉を入れ，よく混ぜながらきつね色になるまで炒め（約3分）冷ます。
7. 小麦粉と塩を合わせ，ミキサーで混ぜる。
8. 別のボウルで水，植物油，ビネガーを混ぜる。
9. 8を小麦粉と合わせてミキサーにかけ（速度目盛りは低），やわらかい生地にする。ぱさつくようなら水を足す。
10. ミキサーのドウフック（パン生地を練るための付属品）で，きめの粗いボール状になるまで9の生地をこねる。
11. 生地をテーブルに移し（小麦粉はふらない），2分ほど手でこねる。
12. 生地を丸くまとめて皿に移し，表面に薄く油を塗る。
13. 生地をラップでぴっちりと包み，30〜90分寝かせる（長いほど望ましい）。
14. 60*cm*×90*cm*ほどの作業台にテーブルクロスをかける。
15. 小麦粉をふり，布の生地目のなかまですりこむ。
16. ラップを取った生地をテーブルクロスの真ん中に置き，できるだけ薄く伸ばす。
17. 生地の重みで自然に伸びるように，生地の端をつまんで持ちあげる。裂けないように気をつけること。
18. 作業台に戻し，60*cm*×90*cm*の大きさになるまで手の甲で生地を押して薄く伸ばしていく。
19. 余分な生地をはさみで切る。
20. 生地を破らないように気をつけながら，表面にバター大さじ3を手で塗る。
21. 6のパン粉を散らす。
22. 生地の短い辺から7.5*cm*内側の位置に，クルミを幅15*cm*に細長く敷きつめる。
23. リンゴと3のラム，レーズンを混ぜ合わせ，シナモンと砂糖を加える。
24. 23のリンゴをクルミの上にまぶす。
25. 生地の短い辺をリンゴの上にかぶせる。
26. 生地の短い辺の下のテーブルクロスを持ち上げ，生地を丸めていく。
27. 丸めた生地を天板に移す。
28. 生地をU字型に曲げ，両端を下にたくしこむ。
29. 表面に残りのバターを塗る。
30. オーブンで30分，こんがり焼き色がつくまで焼く。
31. 30分以上冷ましてからスライスする。

◉タルトタタン

フランスの有名な逆さまアップルタルトは，1888年，フラモット＝ボヴロンでホテル・

タタンを姉妹で経営していたステファニー・タタンが偶然アップルタルトを逆さまにつくってしまったことから生まれたと言われている。仕方なくそのタルトを出したところ，すぐにホテルの名物デザートになった。

無塩バター…60g
砂糖…130g
固めのリンゴ…8個
冷凍パイ生地…1枚

1. オーブンを190℃に温めておく。
2. リンゴは皮をむき，芯をくり抜いて4等分に切る。
3. オーブン用の25～30cmの厚手のフライパンにバターを入れ，弱火にかけて溶かす。
4. 砂糖を加えてときどき混ぜ，カラメル色になるまで5分ほど加熱する。
5. 4等分したリンゴをフライパンに並べる。外側から内側へ，円を描くように，端を少しずつ重ねながらフライパンいっぱいに並べていく。
6. 蓋をして中火にかけ，リンゴから果汁が出てやわらかくなるまで，15～20分かけてゆっくり加熱する。
7. 果汁がカラメル色になるまで煮詰める。
8. 冷凍パイ生地を1cmの厚さに伸ばし，フライパンより若干大きめに丸く切る。
9. 生地をフライパンの縁の内側にたくしこみ，リンゴを覆う。
10. 生地がきつね色になるまで，オーブンで25～30分焼く。
11. オーブンから出し，フライパンをラックに載せて30分ほど冷ます。
12. よく切れるナイフをフライパンの縁沿いに入れる。
13. 皿をフライパンにかぶせ，すばやくひっくり返す。
14. フライパンをそっと皿から持ち上げると，生地の上にリンゴが落ちてくる。
15. 温かいうちにいただく。

エリカ・ジャニク（Erika Janik）
アメリカのフリーランスライター，ウィスコンシン公共ラジオ放送のプロデューサー。ワシントン州出身。史学学士，アメリカ史およびジャーナリズム修士。『ウィスコンシンの歴史 *A Short History of Wisconsin*』（2010 年）『ウィスコンシンの不思議 *Odd Wisconsin*』（2007 年）『マディソン：モデル都市の歴史 *Madison: A History of Model City*』（2010 年）などの著書がある。

甲斐理恵子（かい・りえこ）
北海道大学卒業。おもな訳書にトム・アンブローズ『50 の名車とアイテムで知る 図説 自転車の歴史』，エリック・シャリーン『図説 世界史を変えた 50 の動物』（以上，原書房）などがある。

Apple: A Global History by Erika Janik
was first published by Reaktion Books in the Edible Series, London, UK, 2011

「食《しょく》」の図書館《としょかん》

リンゴの歴史《れきし》

●

2015年10月27日　第1刷

著者……………エリカ・ジャニク
訳者……………甲斐理恵子《かいりえこ》
装幀……………佐々木正見
発行者……………成瀬雅人
発行所……………株式会社原書房
〒160-0022 東京都新宿区新宿 1-25-13
電話・代表 03(3354)0685
振替・00150-6-151594
http://www.harashobo.co.jp
印刷……………新灯印刷株式会社
製本……………東京美術紙工協業組合

ISBN 978-4-562-05172-4, Printed in Japan

パンの歴史　《「食」の図書館》

ウィリアム・ルーベル／堤理華訳

変幻自在のパンの中には、よりよい食と暮らしを追い求めてきた人類の歴史がつまっている。多くのカラー図版とともに読み解く人とパンの6千年の物語。世界中のパンで作るレシピ付。　2000円

カレーの歴史　《「食」の図書館》

コリーン・テイラー・セン／竹田円訳

「グローバル」という形容詞がふさわしいカレー。インド、イギリス、ヨーロッパ、南北アメリカ、アフリカ、アジア、日本など、世界中のカレーの歴史について豊富なカラー図版とともに楽しく読み解く。　2000円

キノコの歴史　《「食」の図書館》

シンシア・D・バーテルセン／関根光宏訳

「神の食べもの」か「悪魔の食べもの」か？　キノコ自体の平易な解説はもちろん、採集・食べ方・保存、毒殺と中毒、宗教と幻覚、現代のキノコ産業についてまで述べた、キノコと人間の文化の歴史。　2000円

お茶の歴史　《「食」の図書館》

ヘレン・サベリ／竹田円訳

中国、イギリス、インドの緑茶や紅茶のみならず、中央アジア、ロシア、トルコ、アフリカまで言及した、まさに「お茶の世界史」。日本茶、プラントハンター、ティーバッグ誕生秘話など、楽しい話題満載。　2000円

スパイスの歴史　《「食」の図書館》

フレッド・ツァラ／竹田円訳

シナモン、コショウ、トウガラシなど5つの最重要スパイスに注目し、古代～大航海時代～現代まで、食はもちろん経済、戦争、科学など、世界を動かす原動力としてのスパイスのドラマチックな歴史を描く。　2000円

（価格は税別）

鮭の歴史 《「食」の図書館》
ニコラース・ミンク／大間知知子訳

人間がいかに鮭を獲り、食べ、保存（塩漬け、燻製、缶詰ほか）してきたかを描く、鮭の食文化史。アイヌを含む日本の事例も詳しく記述。意外に短い生鮭の歴史、遺伝子組み換え鮭など最新の動向もつたえる。　2000円

レモンの歴史 《「食」の図書館》
トビー・ゾンネマン／高尾菜つこ訳

しぼって、切って、漬けておいしく、油としても使えるレモンの歴史。信仰や儀式との関係、メディチ家の重要な役割、重病の特効薬など、アラブ人が世界に伝えた果物には驚きのエピソードがいっぱい！　2000円

牛肉の歴史 《「食」の図書館》
ローナ・ピアッティ＝ファーネル／富永佐知子訳

人間が大昔から利用し、食べ、尊敬してきた牛。世界の牛肉利用の歴史、調理法、牛肉と文化の関係等、多角的に描く。成育における問題等にもふれ、「生き物を食べること」の意味を考える。　2000円

ハーブの歴史 《「食」の図書館》
ゲイリー・アレン／竹田円訳

ハーブとは一体なんだろう？　スパイスとの関係は？　それとも毒？　答えの数だけある人間とハーブの物語の数々を紹介。人間の食と医、民族の移動、戦争…ハーブには驚きのエピソードがいっぱい。　2000円

コメの歴史 《「食」の図書館》
レニー・マートン／龍和子訳

アジアと西アフリカで生まれたコメは、いかに世界中へ広がっていったのか。伝播と食べ方の歴史、日本の寿司や酒をはじめとする各地の料理、コメと芸術、コメと祭礼など、コメのすべてをグローバルに描く。　2000円

（価格は税別）

ウイスキーの歴史 《「食」の図書館》

ケビン・R・コザー／神長倉伸義訳

ウイスキーは酒であると同時に、政治であり、経済であり、文化である。起源や造り方をはじめ、厳しい取り締まりや戦争などの危機を何度もはねとばし、誇り高い文化にまでなった奇跡の飲み物の歴史を描く。2000円

豚肉の歴史 《「食」の図書館》

キャサリン・M・ロジャーズ／伊藤綺訳

古代ローマ人も愛した、安くておいしい「肉の優等生」豚肉。豚肉と人間の豊かな歴史を、偏見／タブー、労働者などの視点も交えながら描く。世界の豚肉料理、ハムほか他の加工品、現代の豚肉産業なども詳述。2000円

サンドイッチの歴史 《「食」の図書館》

ビー・ウィルソン／月谷真紀訳

簡単なのに奥が深い…サンドイッチの驚きの歴史！「サンドイッチ伯爵が発明」説を検証する、鉄道・ピクニックとの深い関係、サンドイッチ高層建築化問題、日本の総菜パン文化ほか、楽しいエピソード満載。2000円

ピザの歴史 《「食」の図書館》

キャロル・ヘルストスキー／田口未和訳

イタリア移民とアメリカへ渡って以降、各地の食文化に合わせて世界中に広まったピザ。本物のピザとはなに？世界中で愛されるようになった理由は？ シンプルに見えて実は複雑なピザの魅力を歴史から探る。2000円

パイナップルの歴史 《「食」の図書館》

カオリ・オコナー／大久保庸子訳

コロンブスが持ち帰り、珍しさと栽培の難しさから「王の果実」とも言われたパイナップル。超高級品、安価な缶詰、トロピカルな飲み物など、イメージを次々に変えて世界中を魅了してきた果物の驚きの歴史。2000円

（価格は税別）

ケーキの歴史物語《お菓子の図書館》

ニコラ・ハンブル／堤理華訳

ケーキって一体なに？ いつ頃どこで生まれた？ フランスは豪華でイギリスは地味なのはなぜ？ 始まり、作り方と食べ方の変遷、文化や社会との意外な関係など、実は奥深いケーキの歴史を楽しく説き明かす。 2000円

アイスクリームの歴史物語《お菓子の図書館》

ローラ・ワイス／竹田円訳

アイスクリームの歴史は、多くの努力といくつかの素敵な偶然で出来ている。「超ぜいたく品」から大量消費社会に至るまで、コーンの誕生と影響力など、誰も知らないトリビアが盛りだくさんの楽しい本。 2000円

チョコレートの歴史物語《お菓子の図書館》

サラ・モス、アレクサンダー・バデノック／堤理華訳

マヤ、アステカなどのメソアメリカで「神への捧げ物」だったカカオが、世界中を魅了するチョコレートになるまでの激動の歴史。原産地搾取という「負」の歴史、企業のイメージ戦略などについても言及。 2000円

パイの歴史物語《お菓子の図書館》

ジャネット・クラークソン／竹田円訳

サクサクのパイは、昔は中身を保存・運搬するただの入れ物だった!? 中身を真空パックする実用料理だったパイが、芸術的なまでに進化する驚きの歴史。パイにこめられた庶民の知恵と工夫をお読みあれ。 2000円

パンケーキの歴史物語《お菓子の図書館》

ケン・アルバーラ／関根光宏訳

甘くてしょっぱくて、素朴でゴージャス——変幻自在なパンケーキの意外に奥深い歴史。あっと驚く作り方・食べ方から、社会や文化、芸術との関係まで、パンケーキの楽しいエピソードが満載。レシピ付。 2000円

（価格は税別）

調香師が語る香料植物の図鑑

フレディ・ゴズラン／前田久仁子訳

フレグランス製品を誕生させる植物71種を著名な調香師らが、その記憶、処方のコツなどを解説する独創的な図鑑。収穫風景、効用、文化、逸話を網羅、優れた香水群を紹介。協力：グラース国際香水博物館。　３８００円

マリー・アントワネットの植物誌

エリザベット・ド・フェドー／川口健夫訳

６区画80種の植物を稀代の植物画家ルドゥーテらによるボタニカルアートとともに、植物の来歴や効能、宮廷秘話を盛り込む。革命で牢に繋がれてからも花が喜びだった王妃の素顔が読みとれる歴史植物画集。　３８００円

図説　世界史を変えた50の植物

ビル・ローズ／柴田譲治訳

世界の食糧をまかなうコメやムギ、薬効が高く評価されるハーブやスパイスなど、経済や政治そして農業の歴史に深くかかわった植物のなかでもよりすぐりの50の魅力あふれる物語を美しいカラー図版で紹介。　２８００円

図説　世界史を変えた50の動物

エリック・シャリーン／甲斐理恵子訳

カ、カイガラムシ、イグアノドン、トナカイ、ミンククジラまで、わたしたちの世界の発展に大きく貢献し、生活様式に多大な影響をあたえた、驚くべき動物たちの胸躍る物語を豊富なカラー図版で解説。　２８００円

図説　世界史を変えた50の食物

ビル・プライス／井上廣美訳

大昔の狩猟採集時代にはじまって、未来の遺伝子組み換え食品にまでおよぶ、食物を紹介する魅力的で美しい案内書。砂糖が大西洋の奴隷貿易をどのように助長したのかなど、新たな発見がある一冊。　２８００円

（価格は税別）